AF548173

Anna Elisabeth Albrecht
Susanne Rebscher

ABENTEUER KUNSTSCHÄTZE

Entdecke besondere Kunst in Deutschland

Illustriert von Hauke Kock

Vorwort der Autorinnen

Liebe Leserin, lieber Leser,

du hast dieses Buch aufgeschlagen, weil du gern auf Schatzsuche gehst? Besitzt du sogar eine eigene kleine Schatzsammlung – zum Beispiel aus Muscheln, Steinen, Fußballkarten oder Fotos? Kleben deine Schätze vielleicht in einem Album oder liegen sie versteckt in einer Kiste unter deinem Bett? Dann ist dieses Buch genau das Richtige für dich – es ist nämlich auch eine Schatzkiste: Du schlägst den Deckel auf, und es erwarten dich jede Menge Abenteuer! Wir reisen kreuz und quer durch Deutschland an alle Orte, die besondere Kunstschätze hüten. Und wie es sich für jede ordentliche Schatzsuche gehört, findest du diese Orte auch gleich zu Anfang der Reise auf einer großen Schatzkarte verzeichnet.

Du fragst dich, was das für Kunstschätze sind, die wir hier versammelt haben? Es sind Dinge, die selten vorkommen, besonders kunstvoll hergestellt oder aus einem kostbaren Material wie Gold gefertigt wurden. Tatsächlich finden sich aber auch Dinge aus Stoff, Sperrholz oder Ton darunter – oder sogar ganze Schatzkammern wie Museen, Bibliotheken oder Theater.

Doch eine Sache haben alle diese Schätze gemeinsam: Sie erzählen uns einzigartige Geschichten!

Bei der Auswahl war es uns wichtig, dass die Schätze eine Beziehung zu dem Ort haben, der sie hütet und dass sie uns etwas erzählen, das uns alle bewegt und berührt. Denn Kunstschätze haben eine sehr wertvolle Eigenschaft: Sie können an Geschichten erinnern, die wir selbst nicht erlebt haben.
Und je älter die Schätze sind, desto mehr dieser Geschichten erzählen sie – genau das macht sie so magisch!

Aber was wäre eine Reise ohne besondere Bekanntschaften? Wir haben mit Menschen gesprochen, die sich um die Vermittlung, Erforschung und Pflege von Kunstschätzen kümmern – im Museum, in der Denkmalpflege, an der Universität. Das erzählen wir dir auf besonderen Seiten im Buch. Dabei sparen wir auch die Schattenseiten dieser Geschichten nicht aus, denn sie stellen nicht nur die Schatzforscher und -hüter, sondern auch uns als Gesellschaft vor wichtige Fragen: Wie gehen wir mit Kunstschätzen um, die ein unbequemes Kapitel unserer Vergangenheit beleuchten?

Neugierig geworden? Dann blättere doch einmal um.

Wir wünschen dir eine spannende Schatzreise voller Entdeckungen!

Anna Elisabeth Albrecht

Susanne Rebscher

Grußwort von Horst Lichter

Liebe Kinder,

warum schreibe ich, Horst Lichter, ein Grußwort für dieses Buch?

Schon als kleiner Junge interessierten mich alte Dinge mehr als neue – warum das so ist, weiß ich nicht genau. Vielleicht, weil ich immer auf Schatzsuche gewesen bin. Wenn ich daran zurückdenke, wie oft ich mit meinen Freunden im Wald unterwegs war und wie viele Löcher wir gegraben haben, in der Hoffnung, einen echten Schatz zu finden!

Ich habe mir zu allen alten Dingen Geschichten ausgedacht: Wer war der erste Besitzer? Wie ist er in den Besitz dieses Schatzes gelangt? Wenn ich ein altes Spielzeug gefunden habe, habe ich mir zum Beispiel vorgestellt, wie sehr sich das damalige Kind darüber gefreut haben muss, als es dies geschenkt bekommen hat. War es ein Weihnachtsgeschenk oder eines zum Geburtstag? Oder musste das Kind dafür vielleicht sogar lange sparen? Wurde dieser Schatz gehütet wie der eigene Augapfel? Und ganz wichtig: Was für Geschichten haben sie gemeinsam erlebt?

Ihr merkt schon, ich habe mir zu allem und jedem sehr viele Gedanken gemacht. Es ist wirklich ein bisschen wie in einem Abenteuerfilm, in dem man einem verlorenen Schatz hinterherjagt: Es gibt so viel zu entdecken, so viel zu hinterfragen. Echt spannend!

Heute ist es bei mir immer noch so, dass ich bei allem gerne die Geschichte dahinter erfahren möchte. Bei *Bares für Rares* habe ich viele fantastische Experten an meiner Seite. Einige haben Kunsthistorik studiert, die können mir jetzt viele meiner Fragen beantworten. Aber es gibt so unglaublich viele spannende Geschichten und Dinge auf dieser Erde, dass ich nie müde werde, Fragen zu stellen und auf der Jagd nach Antworten zu sein.

Ich würde so gerne alle Schlösser und Burgen besuchen und in der Zeit zurückreisen, um die Geschichten selbst zu erleben!

Aber das geht ja leider nicht. Was aber geht: in dieses wunderbare Buch eintauchen, und sich wie ein Zeitreisender fühlen.

Bitte bleibt immer neugierig und vergesst niemals: Nur wer die Geschichten aus vergangenen Zeiten kennt, ist für die Zukunft gerüstet!

Euer Horst Lichter

Horst Lichter liebt es, Geschichten zu erzählen – und er liebt es, sie erzählt zu bekommen. Diese Leidenschaft begleitet den Rheinländer während seiner gesamten Karriere. 2013 übernahm der gelernte Koch die Moderation der ZDF-Sendung Bares für Rares*, die regelmäßig knapp sechs Millionen Zuschauer vor die Bildschirme bannt.*

Horst Lichter
Moderator der Sendung
„Bares für Rares"

Inhaltsverzeichnis

1 Globus, Schleswig . . . . S. 6
2 Nydamboot, Schleswig . . . . S. 7
3 Tanzkostüme, Hamburg . . . . S. 8
4 C. D. Friedrich – Der Wanderer über dem Nebelmeer, Hamburg S. 9
5 Goldschatz Hiddensee, Stralsund . . . . S. 10
6 Kultwagen von Peckatel, Schwerin . . . . S. 11
7 J.-B. Oudry – Rhinozeros, Schwerin . . . . S. 12
8 Walporträt, Greifswald . . . . S. 13
9 G. Marcks – Bremer Stadtmusikanten, Bremen S. 14
10 P. Modersohn-Becker – Mädchen im Birkenwald mit Katze, Bremen . . S. 15

Spektakuläre Kunstdiebstähle . . . . S. 16

11 Eisenmaske Varusschlacht, Kalkriese . . . . S. 18
12 N. d. Saint Phalle – Grotte, Hannover . . . . S. 19
13 Bildergalerie Sanssouci, Potsdam . . . . S. 20
14 Paradewagen und Schlitten, Paretz . . . . S. 21
15 J. G. Schadow – Prinzessinnengruppe, Berlin . . S. 22
16 Welfenschatz, Berlin . . . . S. 23
17 Thutmosis – Büste der Nofretete, Berlin . . . . . S. 24
18 Unbekannter Maler – Der Mann mit dem Goldhelm, Berlin . . . . S. 25
19 Himmelsscheibe von Nebra, Halle . . . . S. 26
20 Kunst- und Naturalienkammer Franckesche Stiftungen, Halle . . . . S. 27
21 Synagogenschatz, Erfurt . . . . S. 28
22 Anna Amalia Bibliothek, Weimar . . . . S. 29

Kunstschätze finden und erforschen . . . . S. 30

23 Puppenstadt „Mon Plaisir“, Arnstadt . . . . S. 32
24 Bühnenmaschine, Gotha . . . . S. 33
25 M. Klinger – Beethoven-Skulptur, Leipzig . . . . . S. 34
26 Federzimmer, Moritzburg S.35
27 Raffael – Sixtinische Madonna, Dresden . . . . . S. 36
28 J. Vermeer – Brieflesendes Mädchen am offenen Fenster, Dresden . . . . S. 37
29 Türckische Cammer, Dresden . . . . S. 38
30 Grünes Gewölbe, Dresden . . . . S. 39
31 J. H. W. Tischbein – Goethe in der römischen Campagna, Frankfurt S. 40
32 J. M. Roos – Die Menagerie des Landgrafen Carl, Kassel . . . S. 41
33 F. L. v. Cancrin – Karussel, Hanau . . . . S. 42
34 J. M. Olbrich – Prinzessinnenhaus, Langen . . . S. 43

Verschollene und sagenhafte Kunstschätze . . S. 44

35 Grimms Kinder- und Hausmärchen, Kassel . . . S. 46
36 Bilderbuchmuseum, Troisdorf . . . . S. 47
37 Schätze des Glaubens, Köln . . . . S. 48
38 J. G. Wrage – Goldenes Wunder, Dortmund . . . S. 49
39 R. Lichtenstein – M-Maybe, Köln . . . . S. 50
40 S. Lochner – Maria im Rosenhag, Köln . . . . . . S. 51
41 Goldene Madonna, Essen . . . . S. 52
42 Y. Klein – Monogold 28, Essen . . . . S. 53
43 Goldhut von Schifferstadt, Speyer . . . . S. 54
44 Goldmünzenschatz, Trier . . . . S. 55
45 Fürstinnengrab, Gersheim-Reinheim . . . . S. 56
46 Keltengrab, Hochdorf/Enz . . . . S. 57

Kunstschätze hüten und pflegen . . . . S. 58

47 Archäopark, Niederstotzingen . . . . S. 60
48 L. Reiniger – Silhouettenfilm, Tübingen. . . . . . . S. 61
49 O. Schlemmer – Triadisches Ballett, Stuttgart . S. 62
50 Modemuseum, Ludwigsburg . . . . S. 63
51 K. Kruse – Puppen, Donauwörth . . . . S. 64
52 W. Oehmichen – Puppenkiste, Augsburg . . . . . S. 65
53 Spielzeugmuseum, Nürnberg . . . . S. 66
54 Reichskleinodien, Nürnberg . . . . S. 67
55 H. v. Hallerstein – Walhalla, Donaustauf . . . . . S. 68
56 F. Marc – Blaues Pferd I., München . . . . S. 69
57 J. K. Stieler – Schönheitengalerie, München . . S. 70
58 A. Dürer – Selbstbildnis im Pelzrock, München S. 71

Erbeutete und geraubte Kunstschätze . . . . S. 72

Glossar . . . . S. 74
Danksagung . . . . S. 79
Bildnachweis/Impressum . . . . S. 80

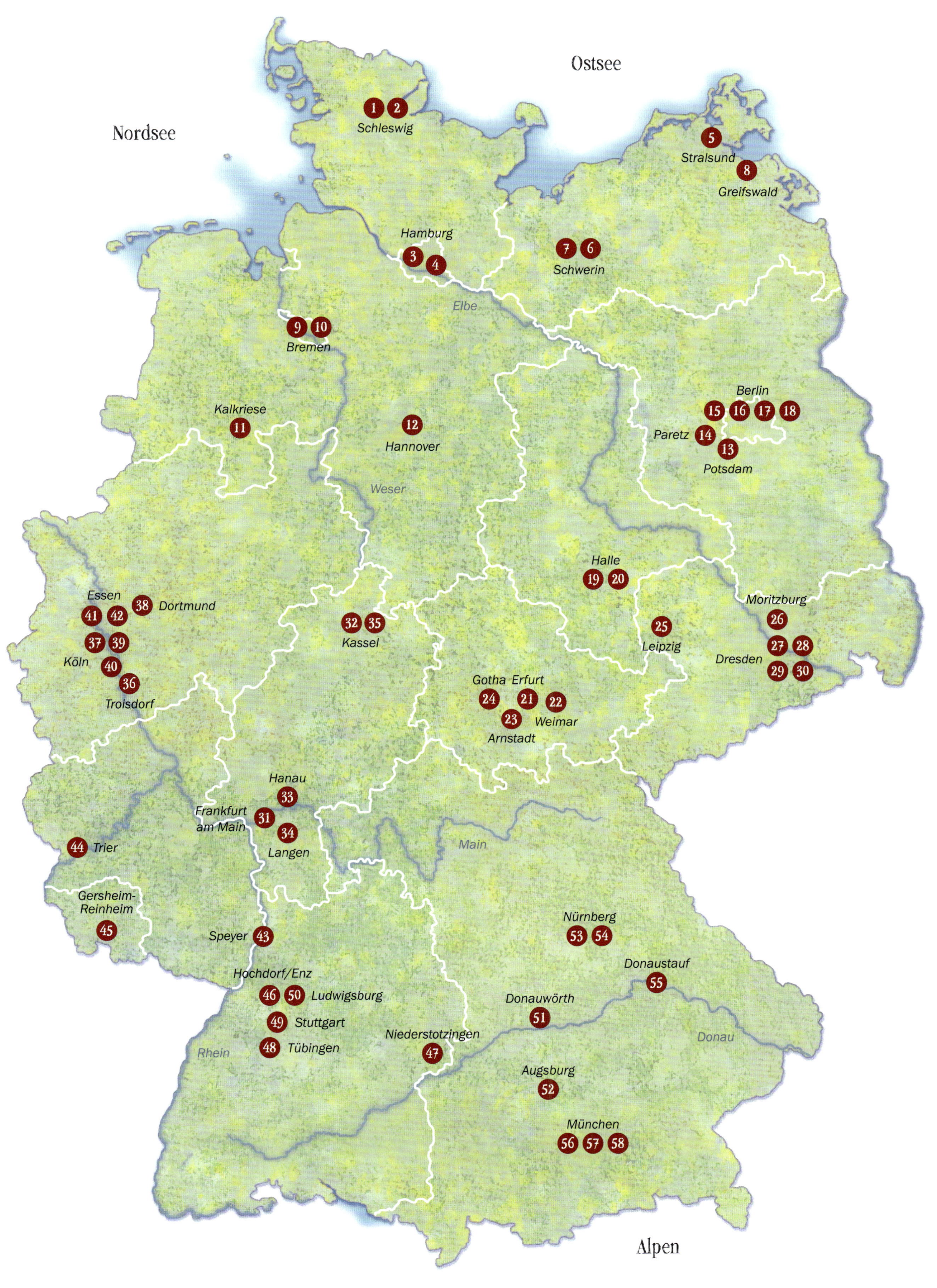

Ostsee
Nordsee
1 2
Schleswig
5
Stralsund
8
Greifswald
Hamburg
3 4
7 6
Schwerin
Elbe
9 10
Bremen
Berlin
15 16 17 18
Paretz 14
13
Potsdam
Kalkriese
11
12
Hannover
Weser
Halle
19 20
Essen
41 42 38 Dortmund
37 39
Köln
40
36
Troisdorf
32 35
Kassel
Moritzburg
26
25
Leipzig
27 28
Dresden
29 30
Gotha Erfurt
24 21 22
23 Weimar
Arnstadt
Hanau
33
Frankfurt
am Main
31
34
Langen
Main
44 Trier
Gersheim-
Reinheim
45
Speyer 43
Nürnberg
53 54
Donaustauf
55
Hochdorf/Enz
46 50 Ludwigsburg
49 Stuttgart
48 Tübingen
Rhein
Niederstotzingen
47
Donauwörth
51
Donau
Augsburg
52
München
56 57 58
Alpen

Ein Platz zwischen Himmel und Erde

Schleswig

Im 17. Jahrhundert richteten sich alle Augen auf ein kleines Herzogtum im hohen Norden. Im Garten von Schloss Gottorf gab es ein Wunderding zu bestaunen – einen Globus. Aber wieso war das so sensationell? Die kugelrunden Darstellungen von der Welt hatten doch längst ihren festen Platz in den fürstlichen Kunst- und Wunderkammern? Das ist wahr, aber der Globus von Herzog Friedrich III. hatte es im wahrsten Sinne des Wortes in sich – nicht nur war er riesengroß, er vereinte auch die Darstellung von Himmel und Erde auf einer Kugel! Das war neu und funktionierte so: Die Außenseite war rundum mit einer Karte der Erde bemalt. Doch mitten im Ozean gab es eine Luke, durch die man ins Innere der Kugel gelangte. Hier boten eine Bank und ein Tisch Platz für zwölf Personen und ein geheimnisvolles Schauspiel. Die Innenseite der Kugel erschien nämlich als nachtblauer Himmel – bemalt mit den Sternbildern und bestückt mit zahllosen Metallsternen. Die funkelten golden, sobald sich die Tür schloss und die Kerzen brannten. Dann ließ sich die Kugel per Wasserantrieb oder Handkurbel auch noch in Bewegung versetzen, sodass die Sterne ihre Bahnen ziehen konnten. Welch himmlisches Vergnügen für Friedrich III. und seine Gäste. Denn der Herzog stellte seinen Globus wie ein Kunstwerk im „Persischen Lusthaus“ des neuen Gartens aus. Dort verkündete es aller Welt: „Seht her, mein Fürst denkt wie ein Gelehrter über den geheimnisvollen Lauf der Welt nach!“

Wer hatte die Idee zum Bau des Riesenglobus? Der kunstsinnige Herzog Friedrich III. oder sein Hofgelehrter Adam Olearius? Traurig ist, dass der Herzog die letzte Vollendung nicht mehr erlebte, denn er starb vier Jahre vor der Fertigstellung 1664.

Der Gottorfer Globus

Es gab viele, die das kleine Herzogtum um seinen Riesenglobus beneideten, darunter war auch der russische Zar Peter der Große. Er kam mitten im Nordischen Krieg nach Gottorf und war so hingerissen von dem Wunderwerk, dass er es für sein neu gegründetes St. Petersburg begehrte. So kam es, dass man eine Öffnung in das Lusthaus brach – durch die Tür passte der Globus natürlich nicht –, alles in zwei große Kisten verpackte und auf ein Segelschiff lud. An Bord des „Halben Mondes“ überquerte der zerlegte Schatz die Ostsee. An Land ging es mit dem Schlitten weiter bis nach St. Petersburg. Dort traf der Globus nach dreieinhalb Jahren beschwerlicher Reise im März 1717 ein und landete erst einmal im Elefantenhaus, bis er 1726 seinen Platz in der neu erbauten Kunstkammer bekam.

Der alte Gottorfer Globus ging als Kriegsbeute nach St. Petersburg, aber in Schleswig kannst du seine moderne Kopie besichtigen. Bitte einsteigen und mitfahren!

Das Boot aus dem Moor

Dreißig Männer legen sich mit aller Kraft in die Riemen. Pfeilschnell schießt das große Ruderboot über die Wellen des Meeres dahin. In der Heimat wird es bereits sehnsüchtig erwartet. Aus Dankbarkeit für seine treuen Dienste und die vielen Erfolge versenkt man es kurz nach seiner Rückkehr in einer feierlichen Zeremonie mit kostbaren Beigaben in dem flachen See nahe der Siedlung, als Opfer an die Götter ... Etwa 1 500 Jahre später: 1836 führte der Gymnasiallehrer und Hobbyarchäologe Conrad Engelhardt nahe des dänischen Ortes Sønderburg eine Ausgrabung im Nydammoor durch. Bald stießen Engelhardt und seine Mitarbeiter auf drei Boote: zwei kleinere und ein sehr gut erhaltenes großes. Man fand auch bis zu 15 000 Gegenstände, die Beute eines Krieges oder von besiegten Eindringlingen waren. Das große Boot, das den Namen „Nydamboot" erhielt, wurde gleich nach seiner Entdeckung zur Sensation. Zum ersten Mal konnten Wissenschaftler ein so altes, hochseetaugliches Ruderboot untersuchen!

Das Nydamboot erlebte in den darauffolgenden 100 Jahren eine abenteuerliche „Irrfahrt": Zuerst wurde es für eine Ausstellung nach Flensburg gebracht, doch dann brach am 1. Februar 1864 der Deutsch-Dänische Krieg aus. Engelhardt schaffte es, das Boot heimlich nach Seeland, auf Dänemarks größte Insel, zu transportieren. Zu seiner Enttäuschung lieferten es die Dänen nach dem Krieg an Deutschland aus – als Bestandteil des Friedensvertrages! Das Boot wurde zunächst auf den Dachboden des damaligen Gerichtsgebäudes in Flensburg gehievt. Zwölf Jahre später brachte man es nach Kiel. Dort fand es im obersten Geschoss des Museums einen Platz, bis es 1925 eine eigene Ausstellungshalle erhielt. Im Zweiten Weltkrieg musste das Nydamboot erneut „untertauchen", diesmal am Großen Ziegelsee bei Mölln. 1947 fand es endlich seinen endgültigen „Heimathafen" in der ehemaligen Exerzierhalle des Schlosses Gottorf in Schleswig.

Das über 20 Meter lange Nydamboot erzählt dir eine spannende Geschichte über neue Wege im Bootsbau vor 1 700 Jahren. Heute weiß man, dass es vermutlich in der Zeit zwischen 310 und 320 n. Chr. gebaut und zwischen 340 und 360 n. Chr. versenkt wurde. Es ähnelt den Schiffen aus den römischen Provinzen entlang des Rheins: hochseetauglich, für Militärzwecke einsetzbar, sehr leicht zu manövrieren.

Anhand von Nachbauten und Experimenten stellte man fest, dass die Ruderer bis zu neun Knoten, also etwa 18 Kilometer pro Stunde, erreichen konnten. Zum Vergleich: Ein Flussschiff, das mit der Strömung fährt, schafft bis zu 20 Kilometer pro Stunde – wird aber von einem Motor angetrieben!

Solche Männerköpfe aus Erlenholz waren am Nydamboot befestigt. Man fand sie während der Grabungen in den 1990er-Jahren. Vermutlich bildeten sie den Abschluss einer Erhöhung der Planken, die gegen das Spritzwasser schützen sollte.

Geheimnisvoller Tanz der Masken

Viele Schatzgeschichten beginnen mit einem Fund unter der Erde. Diese hier beginnt auf einem Dachboden: Dort entdeckte man 1986 im Hamburger Museum für Kunst und Gewerbe einige Holzkisten mit der verstaubten Aufschrift „Artisten-Gepäck". Als man sie öffnete, fielen bemaltes Sackleinen und Sperrholzteile heraus. Sie entpuppten sich als Tanzkostüme. Das waren keine „schwingenden" Röckchen aus Tüll, sondern schwere Ganzkörperkostüme in grellen Farben, noch dazu mit seltsamen Masken. Wer hatte diese sonderbaren Kostüme genäht? Und wie waren sie auf den Dachboden gelangt? Die Spur führte zurück ins Hamburg der stürmischen 20er-Jahre. Wie überall nach dem Ersten Weltkrieg drängten auch hier die Künstler zum Aufbruch in eine neue, bessere Welt. Sie stellten ihre Kunst in Varieté-Theatern und auf Festen zur Schau. In dieser Zeit betraten Lavinia Schulz und Walter Holdt zum ersten Mal in ihren ungewöhnlichen Tanzmasken die Bühne. Das junge Paar hatte sie aus dem genäht, was sich „auf der Straße" fand: Pappe, Draht, Siebe und Knöpfe. Sie bewegten sich darin so kantig wie kämpferisch zu den Klängen modernster Musik. Das sah schräg aus und hörte sich auch ziemlich schief an, aber der ausdrucksvolle Tanz rüttelte seine Zuschauer wach. Er zog sie mitten hinein in eine Welt voller dunkler Geheimnisse!

Lavinia und Walter hatten sich bei ihrer Arbeit an der Hamburger „Kampfbühne", wo man mit abstrakten Masken und Kostümen experimentierte, kennengelernt und Hals über Kopf ineinander verliebt. Sie heirateten heimlich und bezogen schließlich eine Kellerwohnung nahe des Museums. Dort nähten, tanzten und probten sie tagein, tagaus – lebten von Tee und Gemüsebrühe, schliefen in Hängematten und gingen ganz und gar in ihrer Kunst auf. Das war ein hartes Leben. Aber Lavinia und Walter nahmen es nicht nur in Kauf, sondern schöpften daraus sogar einen großen Teil ihrer künstlerischen Schaffenskraft!

Die expressionistischen Tanzmasken waren nach einer Ausstellung 1925 im Museum geblieben. Hatte man sie absichtlich in den letzten Winkel des Dachbodens geschoben, damit sie bloß nicht den Nationalsozialisten in die Hände fielen? Denn die hätten die Kostüme sicher als „entartet" verstanden, verkauft oder sogar vernichtet.

Expressionistische Tanzmasken: Toboggan-Frau und Toboggan-Mann

Fast alle Kostüme gibt es doppelt – in einer weiblichen und männlichen Ausgabe –, denn meistens traten Lavinia und Walter als Paar auf, so zum Beispiel wie hier als Toboggan-Frau und Toboggan-Mann. Kannst du dir vorstellen, was mit den Farben passierte, wenn sich die Kostüme bewegten? Genau, sie verschmolzen mit der Musik zu einem einzigen Farbenwirbel!

Große Natur in kleinem Bild

In der Hamburger Kunsthalle hängt ein Schatz, der seine Besucher rätseln lässt: Wer ist die geheimnisvolle Rückenfigur auf dem Gemälde „Der Wanderer über dem Nebelmeer"? Sicher weiß man nur eines: Sein Schöpfer, Caspar David Friedrich, überließ nie etwas dem Zufall. So war sich der Künstler, der dieses Bild vor über 200 Jahren malte, über die magische Sogwirkung seiner Rückenfigur sehr bewusst. Mit diesem malerischen Trick „holte" er den Betrachter „ins Bild". Das war nicht neu, aber noch nie zuvor hatte es jemand gewagt, eine Rückenfigur so groß und so zentral ins Bild zu setzen. Caspar David Friedrich liebte das Geheimnisvolle, und ein Wanderer, dessen Gesicht uns verborgen bleibt und der gleichzeitig so nahe am Abgrund steht – das beflügelt die Fantasie. Erst recht dort, wo sich das Drama auf der Klippe zuspitzt. Bedrohlich hebt sich hier die dunkle Gestalt gegen die hellen Nebelschwaden ab. Will sich der Fremde etwa in den Abgrund stürzen? Nein, er steht ganz fest, stützt sich sogar auf einen Gehstock und schaut. Er staunt und wir gleich mit ihm, über das zauberhafte Schauspiel vor seinen Augen: eine felsige Gebirgslandschaft, die sich unter ihrem weißen Schleier ins Unendliche auszudehnen scheint. Spielt es da noch eine Rolle, wer der Wanderer ist?

Bis heute rufen die Landschaften von Caspar David Friedrich bei den meisten Menschen starke Gefühle hervor – eine unerklärliche Sehnsucht nach Geborgenheit. Denn in Friedrichs Bildern offenbart sich die Natur in ihrer unendlichen Weite – überwältigend und unbeherrschbar! Beim Malen ging der Romantiker Friedrich aber keineswegs nur „nach Gefühl" vor: Bis ins kleinste Detail plante er seine Gemälde, berechnete das Verhältnis von Länge und Breite, das Gleichmaß der Formen, die Anlage der Farbe.

Der Wanderer über dem Nebelmeer

Hier siehst du, wie der Maler in seinem Atelier an der Staffelei arbeitet. Dabei durfte ihn niemand stören, und in dem Raum gab es auch nichts, das ihn vom Malen abgelenkt hätte. Selbst die Fenster deckte er ab. Das hatte auch den Vorteil, dass das Licht nur von oben ins Zimmer fiel und keine Schatten auf das Gemälde werfen konnte. Die einzigen Dinge, die Friedrich in seinem Atelier duldete, waren die Hilfsmittel der Ölmalerei: Lineale und Skizzen, Farben, Palette und Malstock.

Caspar David Friedrich war ein Einzelgänger. Oft streifte er tagelang durch die Natur – über die Insel Rügen, durch den Harz, das Elbsandsteingebirge. Dabei zeichnete er einzelne Bäume und Felsen in sein Skizzenbuch. Und diese tauchen überall in seinen Gemälden wieder auf. Aber jetzt erscheinen sie als einzelne Elemente einer anderen, ganz neuen Landschaft. Denn Caspar David Friedrich gab keine bestimmte Landschaft wieder, sondern er malte das, was er für die Landschaft empfand: eine tiefe Ehrfurcht vor der Größe der göttlichen Schöpfung.

Der Schatz aus dem Sturm

Stralsund

Der Wind heult um die Häuser und biegt die Baumspitzen fast bis zum Erdboden. Die Wellen der Ostsee türmen sich haushoch auf, brechen und branden über die Küste der Insel hinweg. Als die Natur endlich zur Ruhe kommt, blitzt im Licht des neuen Tages etwas Goldenes im Sand des Neuendorfer Strandes auf ... Am 13. November 1872 legte eine Sturmflut auf der Insel Hiddensee einige goldene Schmuckstücke frei. Bei einer Sturmflut zwei Jahre später entdeckten vermutlich Einwohner der Insel weitere Stücke ähnlicher Machart an ihrer Küste. Was hatte es mit diesem Schmuck, der bald als „Hiddenseer Goldschmuck" bekannt wurde, auf sich? Die Fundstelle nach der ersten Sturmflut lag nahe dem Ort, wo kurz vor dem Sturm ein schwedisches Lastschiff gesunken war. Die Hiddenseer Gerüchteküche brodelte: Stammte der Schatz aus dem Schiffswrack? Hatte ihn jemand gestohlen? Oder war der Schmuck ein „Geschenk des Meeres"? Die Gegenstände zeigten jedoch keinerlei Spuren, die auf einen längeren Aufenthalt im Salzwasser verwiesen hätten. Konnte es also möglich sein, dass der Schatz auf der Insel vergraben worden war? Man untersuchte die heidnischen und christlichen Symbole auf den Schmuckstücken, und es stellte sich heraus, dass diese auf den dänischen König Harald Blauzahn verwiesen – also auf eine Zeit vor rund 1000 Jahren! Der Hiddenseer Goldschmuck war eine Sensation und galt als bis dahin wertvollster und größter Fund seiner Art.

Der Goldschatz von Hiddensee

Der aus dem 10. Jahrhundert stammende Goldschmuck von Hiddensee umfasst 16 Einzelstücke und hat ein Gewicht von knapp 600 Gramm. Noch heute zählt er zu den größten bekannten Edelmetallfunden der Wikingerzeit. Die Fertigung zeugt von hoher Goldschmiedekunst aus einem reichen und vermutlich mächtigen Umfeld. Die Einheitlichkeit der Stücke lässt darauf schließen, dass er einer Person oder einer Familie gehörte.

Der Gründer und erste Direktor des Kulturhistorischen Museums Stralsund, Rudolf Baier, kaufte alle gefundenen Stücke an und sorgte dafür, dass der Schmuck im Besitz des Museums blieb.

Ein geheimnisvoller Goldschatz, freigelegt von zwei Sturmfluten – die genaue Fundgeschichte und vermutlich auch seine Herkunft werden wohl für immer im Dunkeln bleiben. Was denkst du, wie er dahin kam?

Geologische Untersuchungen haben zu weiteren Erkenntnissen verholfen: Durch Wind und Wetter verformen sich Berge, Ebenen und auch Inseln. Als der Goldschmuck vergraben wurde, lag der Strand von Neuendorf noch weiter im Westen als im Jahr 1872. In den Notizen des damaligen Museumsdirektors Baier findet sich der Hinweis, dass an einigen Stücken „mooriger Dreck" gehaftet habe. Tatsächlich gibt es auf der Insel kleinere Moore. Die Wissenschaftler haben nun zwei Theorien: Entweder ist der Schatz von der Sturmflut aus seinem Versteck an den Fundort gespült worden. Oder an der Stelle, an der er gefunden und eventuell auch versteckt wurde, befand sich vor über 1000 Jahren ein Moor. Beide Theorien legen nahe, dass der Goldschmuck auf der Insel vergraben wurde. Doch seine Geschichte ist noch lange nicht zu Ende erzählt!

Ein Kessel auf Rädern

Der Geschichtsschreiber Tacitus, der im 1. Jahrhundert in Rom lebte und sich eingehend mit der Sagenwelt der Germanen beschäftigte, erzählt in einer seiner Schriften folgende Geschichte: Hoch im Norden, in einem heiligen Wald auf einer Insel im Meer steht ein mit Tüchern bedeckter Wagen. Dieser Wagen gehört der Göttin Nerthus, auch *Terra Mater* – „Mutter Erde“ genannt, und darf nur von einem Priester berührt werden. Wenn die Göttin in Begleitung des Priesters auf diesem Gefährt von zwei Kühen gezogen durch das Land reist, herrscht Frieden unter den dort lebenden germanischen Stämmen. Denn der Glaube an die Gottheit eint die unterschiedlichen Menschen. Bei Nerthus‘ Rückkehr müssen Sklaven den Wagen und die Tücher in einem See waschen. Sie selbst werden nach getaner Arbeit in dem Gewässer ertränkt, damit das Geheimnis um den Wagen und seine Herrin gewahrt bleibt.

Im Jahr 1843 machten Archäologen in der Nähe der Ortschaft Peckatel im Landkreis Ludwigslust-Parchim in einem von vier Kegelgräbern einen seltsamen Fund: einen kleinen Kessel aus Bronze mit vier Henkeln und einer Art Fuß, der auf vier Räder gesetzt ist. Die nur 38 Zentimeter große Skulptur lag in einem Männergrab, in dem auch ein kostbarer Goldreif und wertvolle Waffen gefunden wurden. Waren das Beigaben für einen Priester oder sogar einen König, der in der Zeit von 1300 bis 1100 v. Chr. gelebt haben musste?

Frisch poliert glänzt der bronzene Kessel golden wie die Sonne. Deswegen gaben die Archäologen dem Kunstschatz auch den Namen „Goldener Kultwagen von Peckatel“.

Drei Jahre später fanden Archäologen Teile eines anderen „Kesselwagens“ auf einem Hügel nahe der brandenburgischen Ortschaft Friesack. Über die nächsten Jahrzehnte folgten ähnliche Funde in ganz Europa. Leider konnten bislang weder Schrift- noch Bildzeugnisse aus der nordischen Bronzezeit gefunden werden, die die Funktion dieser möglichen „Kultwagen“ erklären könnten. Können sie in irgendeiner Weise mit Tacitus‘ Erzählung in Verbindung gebracht werden? Waren diese „Kesselwagen“ vielleicht Miniaturabbilder der Wagen, die der Götterverehrung dienten? Und war das von Tacitus genannte Meer vielleicht die Ostsee? Auf der dänischen Insel Alsen entdeckte man sowohl Hünengräber als auch Steinzeitfunde, und dort gibt es sogar einen „Heiligen See“. Manche Geheimnisse aus längst vergangenen Zeiten werden wahrscheinlich niemals gelüftet werden. Der Goldene Kultwagen von Peckatel aber wurde berühmt, und man erklärte ihn zum Wahrzeichen der Archäologie Mecklenburg-Vorpommerns.

Von Kühen gezogen, von Tüchern bedeckt und in Begleitung eines Priesters – könnte so die Fahrt des Kultwagens der Göttin Nerthus durchs Land ausgesehen haben?

Ein Nashorn auf Tournee

Vom Publikumsliebling zum Museumsstar: Über das indische Panzernashorn Clara, dessen lebensgroßes Porträt im Staatlichen Museum Schwerin hängt, gibt es die abenteuerlichsten Geschichten. Und das Erstaunlichste daran: Die meisten sind wahr! Als Waisenbaby kam Clara ins Haus einer holländischen Familie, die im indischen Kalkutta lebte. Dort gewöhnte sie sich an den Umgang mit Menschen. Aber ein Baby wächst, und bald war Clara zu groß, um im Haus oder im Garten zu wohnen. Da bot ein holländischer Kapitän an, das zahme Tier mit nach Europa zu nehmen. Liebe auf den ersten Blick? Auf jeden Fall folgte Clara ihrem neuen Besitzer Douwe Mout an Bord der „Knabenhoe". Das holländische Segelschiff sollte seine kolossale Fracht von Kalkutta bis nach Europa bringen. Würde Clara die lange und stürmische Überquerung der Ozeane rund um Afrika überleben? Der Kapitän tat alles, um ihr Wohlergehen sicherzustellen: Zum Schutz gegen Sonne und Salz ölte er das Nashorn ein, und die Besatzung hielt ihren besonderen Passagier mit Heu, Orangen, Bier und Tabakgeruch bei Laune. Rund sieben Monate später ging Clara gesund und munter von Bord. Der Kapitän rieb sich die Hände: Das Nashorn würde ihn reich und berühmt machen!

Gemalt hat Claras lebensgroßes Porträt der berühmte französische Tiermaler Jean-Baptiste Oudry im Jahr 1749. Damals begegnete er Clara auf dem Frühlings-Jahrmarkt in Paris.

Das Panzernashorn Clara

Stell dir mal vor, schon im 18. Jahrhundert gab es „Fanartikel": Es gab Bilder, Figuren, Uhren und Gedenkmünzen von Clara. Als sie mit Douwe Mout Paris besuchte, brach eine regelrechte „Claramanie" aus. Dazu gehörte es zum Beispiel auch, dass sich die feinen Damen ihre Haare zu einem Horn über der Stirn frisierten!

Douwe Mout ging davon aus, dass sich die Menschen in Europa um den exotischen Anblick eines Nashorns reißen würden. Also ließ er einen Transportwagen für Clara bauen und entwarf Flugblätter, um für ihren Auftritt zu werben. Schließlich konnte die Tournee beginnen. Und siehe da: Egal, wo das Paar auftrat, ob im Norden oder im Süden Europas, im Osten oder Westen, in großen Städten oder an königlichen Höfen – alle Welt lag ihnen zu Füßen. Clara war der Star des 18. Jahrhunderts und gleichermaßen beliebt bei Königen, Kindern, Gelehrten und Künstlern. Und Douwe Mout war ein gemachter Mann.

Ein Wal und zwei Porträts

Jahrzehntelang war der Schatz in der nördlichen Turmkapelle der Greifswalder St. Marienkirche hinter einer wuchtigen Gedenktafel verborgen. Erst als man Ende des letzten Jahrhunderts daranging, die gesamte Kirche zu restaurieren, kam er wieder zutage: das Wandbild eines Wals in Lebensgröße. Von Kopf bis Schwanzflosse misst das Kunstwerk beeindruckende 7,30 Meter und es erzählt von einer Tragödie, die sich an der nahen Küste zutrug: Im Frühjahr 1545 verirrte sich ein Schwertwal in den flachen Greifswalder Bodden, fand nicht mehr zurück in die Ostsee und verendete am Strand. Das Ereignis versetzte die Menschen in Staunen und Ehrfurcht – schließlich sah man nicht alle Tage so ein riesiges Tier. Davon musste die Welt unbedingt erfahren. Da es zu diesen Zeiten weder Handy noch Fotoapparat gab, griff man zu Pinsel und Farbe und malte das Porträt des Wals an die Wände der einheimischen Kirchen – einmal in St. Marien und einmal in St. Nikolai. Eine Inschrift gab entsprechend Auskunft: „Hilla heiße ich Fisch, bin den Einwohnern staunenswerte Beute gewesen. Zweifle du nicht, der du dieses Gemälde siehst, so sahen mein Kopf, mein Rücken und mein Schwanz aus."

Stell dir vor: Das Porträt des Wals in St. Marien zu Greifswald war in den Augen der Menschen des 16. Jahrhunderts so lebensecht ausgefallen, dass es der berühmte Naturforscher Conrad Gessner sogar als Vorlage für die Abbildung eines Schwertwals in seinem großen Tierbuch nutzte.

Aber wie kommt man eigentlich dazu, das Bild eines Wals an eine Kirchenwand zu malen? Tatsächlich ist der Wal ein beliebtes Motiv in der christlichen Kunst: Schon das Alte Testament erzählt die Geschichte von Jona und dem Wal. Das Tier rettete den unfreiwilligen Boten Gottes vor dem Ertrinken, indem er ihn verschlang und drei Tage später unversehrt wieder ausspuckte. Die Geschichte ist ein Sinnbild für die Auferstehung Christi drei Tage nach Ostern. Zufall oder nicht: Das Drama um den Greifswalder Wal spielte sich nur wenige Tage vor Ostern ab. Wen wundert es da, dass man es als göttliches Zeichen verstand und die Hauptfigur in der Kirche verewigte?

Eine tierisch starke Gemeinschaft

Es war einmal ein Esel, der hatte sein Leben lang schwere Säcke geschleppt. Als er zu alt für diese Arbeit geworden war, wollte sein Herr ihn loswerden. Aber der pfiffige Esel hatte andere Pläne. Er lief davon, um Stadtmusikant zu werden – und zwar in Bremen! Unterwegs schlossen sich ihm ein Hund, eine Katze und ein Hahn an, die ein ähnliches Schicksal teilten. Am Abend erspähten sie ein Haus. Darin saßen Räuber an einem reich gedeckten Tisch. Müde und hungrig hatten die Tiere einen Einfall: Vor dem Fenster stellten sie sich aufeinander und begannen, auf ihre Art zu „musizieren": Sie schrien, bellten, miauten und krähten aus Leibeskräften und stürzten schließlich durch das Fenster ins Zimmer hinein. Die erschrockenen Räuber liefen kopflos davon. Mit diesem ersten und einzigen musikalischen Auftritt hatten sich die vier Freunde ein neues Zuhause erobert.
Das Märchen von den cleveren „Bremer Stadtmusikanten" erschien 1819 in der Kinder- und Hausmärchensammlung der Brüder Grimm. Jacob und Wilhelm gaben der humorvollen Geschichte ihren ganz eigenen Ton. Genau den fand auch der Bildhauer Gerhard Marcks für seine Bronzestatue der Stadtmusikanten, die seit 1953 an der linken Seite des Bremer Rathauses steht. Anfangs mochten die Bremer ihre neue Skulptur nicht: Sie fanden sie zu klein, zu steif und dass sie zu wenig von dem großen Abenteuer im Märchen erzähle. Aber mit der Zeit schlossen sie ihr zurückhaltendes Tierquartett doch ins Herz, und heute kennen es Groß und Klein in aller Welt.

Was macht die Statue der Bremer Stadtmusikanten zum perfekten Wahrzeichen der alten Hansestadt? Ganz klar: Es ist ihre politische Botschaft. Vier schwache Tiere, die einzeln nichts bewirken können, erfüllen sich gemeinsam den Traum von einem besseren, selbstbestimmten Leben. Und das Märchen zeigt, wie es funktioniert: Man braucht Mut, um sich auf den Weg zu machen. Zusammenhalt, auch wenn man so unterschiedlich ist wie Hund und Katze. Und man muss sich Gehör verschaffen – zum Beispiel mit „Katzenmusik". Das alles führt Marcks Tierpyramide anschaulich vor Augen und passt zu einer Stadt, die sich schon im Mittelalter von ihrem Stadtherrn befreite und bis heute selbst regiert.

Die Pyramide der Bremer Stadtmusikanten

Was fällt dir an der Statue auf, wenn du ihr ganz nahe kommst? Genau, die Vorderbeine des Esels sind blitzblank gescheuert. Das kommt von den vielen kleinen und großen Händen, die hier täglich hinfassen: Das soll Glück bringen!

Große Malerin in stürmischer Zeit

In Bremen lockt ein Bilderschatz der Moderne: das Paula Modersohn-Becker Museum von 1927. Damals war es das erste Museum der Welt, das sich der Kunst einer Malerin widmete. Hier kommt man der Künstlerin ganz nahe. Wer war Paula? Schon mit 16 Jahren beschloss sie, Malerin zu werden. Zu ihrer Zeit um 1900 war das ein ausgefallener Berufswunsch für eine Frau. Die Eltern hätten ihre Tochter lieber als Lehrerin gesehen, aber Paula hielt an ihrem Plan fest und besuchte eine Malschule in Berlin. Danach zog sie nach Worpswede. Warum gerade dorthin? In dem Dorf am Rande des Teufelsmoors hatten sich Künstler angesiedelt. Abseits der Städte malten sie in der Natur, trafen sich zum Tanzen, Musizieren und schlossen Freundschaften. Das gefiel Paula. Ebenso wie die dunkel glitzernde Moorlandschaft mit ihren hellen Birken. In dieser Einsamkeit entwickelte sie ihren besonderen Malstil – den fanden die Worpsweder Kollegen etwas eigenartig. Und als Paula im Winter 1899 ihre Arbeiten erstmals öffentlich zeigte, bekam auch das Bremer Publikum keinen Zugang zu ihrer Kunst. Man hielt Paulas Bilder für klobig und unbeholfen. Das stimmte die Malerin erst traurig, dann trotzig: Noch in der Silvesternacht bestieg sie den Zug nach Paris und stürzte sich in ein neues Abenteuer. Denn in der französischen Hauptstadt brodelte es wie in einem Chemielabor: Hier entstand die Malerei der Zukunft.

Um 1900 zog es viele junge Malerinnen mit Staffelei und Palette hinaus in die Natur. Sie wurden dafür abfällig als „Malweiber" verspottet.

Im Jahr 1904 malte Paula dieses „Mädchen mit Katze im Birkenwald". Sie scheint in der Natur zu Hause zu sein, was meinst du?

Mädchen im Birkenwald mit Katze

Paula malte, was sie vor Augen hatte: Kinder, meist Mädchen, und Mütter, Bäume, Blumen, das Moor. Dabei erzählen ihre Bilder keine Geschichten, sondern sie zeigen alles so natürlich und schlicht wie möglich. „Die große Einfachheit der Form, das ist etwas Wunderbares", schwärmte die Malerin. Und so schmückte sie nichts aus, gab aber allem, was sie darstellte, eine klare Form und experimentierte gern mit der Farbe. So bekamen ihre Menschen dunkle Umrisse und die erdigen Farben des Moores. Oft tauschte sie auch den Pinsel gegen den Spachtel oder kratzte mit dem Stiel des Pinsels in die Farbe hinein. Mit dieser eigensinnigen Art zu malen eckte Paula zeit ihres Lebens an – unter Freunden wie Fremden. Aber schon bald nach ihrem frühen Tod erkannte man ihre große Kunst!

Spektakuläre Kunstdiebstähle

Kunstschätze sind nicht nur sehr wertvoll, sondern meist sogar ganz und gar einzigartig. Das macht sie leider auch besonders interessant für Diebe. Es gibt „Sammler“, die unbedingt einen Kunstschatz für sich alleine besitzen wollen, andere wiederum wollen sich schlicht an ihnen bereichern. Alarmanlagen und Sicherheitsvorkehrungen auf höchstem Niveau schützen heutzutage die meisten Schätze. Denn der Diebstahl eines Kunstschatzes bedeutet einen viel größeren Verlust als seinen bloßen Geldwert: Ein wichtiger Teil unserer Geschichte wird entwendet und im schlimmsten Fall zerstört.

Besuche den Fundort der Himmelsscheibe von Nebra und versetze dich gedanklich in längst vergangene und sehr spannende Zeiten.

Als eine der berühmtesten Raubgrabungen gilt der Fund der Himmelsscheibe von Nebra in Sachsen-Anhalt. 1999 waren Sondengänger nachts auf der Suche nach historischen Metallgegenständen auf dem Mittelberg bei Nebra unterwegs. Als ihre Geräte anschlugen, begannen sie zu graben. Leider nicht so sorgfältig, wie es Archäologen tun. Dadurch wurde vieles, was den Wissenschaftlern etwas zur Geschichte der Scheibe hätte verraten können, unwiederbringlich zerstört. Die Männer hatten jedoch nicht mit solch einem Sensationsfund gerechnet. Umso schwieriger gestaltete es sich, den wertvollen Fund zu verkaufen. Ihn dem Archäologischen Landesamt zu übergeben, das kam ihnen natürlich nicht in den Sinn. Die Raubgräber boten die Scheibe und die anderen Funde zum Kauf an – unter anderem Museen! Dank einer vorgetäuschten Ankaufsituation im Jahr 2002 konnte der großartige Kunstschatz in einem Hotel im schweizerischen Basel sichergestellt werden. Die Himmelsscheibe war gerettet!

Ebenfalls wieder aufgetaucht ist die Beute aus dem schwerwiegendsten Kunstraub in der Geschichte der ehemaligen DDR: Im Jahr 1979 wurden aus Schloss Friedenstein in Gotha fünf Gemälde alter Meister, darunter Hans Holbein der Ältere, Frans Hals und Jan Brueghel der Ältere, gestohlen. Bedauerlicherweise war die schon eingebaute Alarmanlage noch nicht in Betrieb genommen worden. Es war vermutlich ein Auftragsdiebstahl, und unter den Verdächtigen befanden sich auch hochrangige Persönlichkeiten. Aber bewiesen werden konnte nichts – bis heute. Vier Jahrzehnte lang wurde im Verborgenen immer wieder nach den Gemälden gesucht. Durch den Kontakt zu einem Anwalt, der Besitzer von Kunstwerken mit „unbekannter Herkunft“ vertrat, stieß man schließlich auf die vermissten Gemälde. Angeblich war es eine Erbengemeinschaft, die sie zum Verkauf anbot. Nach monatelangen, geheimen Verhandlungen wurde der Kauf im Dezember 2019 vorgeblich getätigt, und die Bilder fanden ihren Weg zurück ins Gothaer Museum. Ihre Echtheit ist inzwischen überprüft und bestätigt. Ihr gemeinsamer Wert beträgt 50 Millionen Euro!

Während die Gemälde verschwunden waren, hatte man „Kopien“ im Museum aufgestellt, um an sie zu erinnern.

Das riesige Geldstück gehörte zu den größten Goldmünzen weltweit und war eine von sechs Sonderanfertigungen, unter anderem für den kanadischen Staat und für die britische Königin Elisabeth II.

Solch eine glückliche Rettung war der riesigen Goldmünze mit dem Namen „Big Maple Leaf" aus dem Bode-Museum in Berlin nicht vergönnt. Sie stammte aus Privatbesitz und war lediglich eine Leihgabe an das Museum für eine Ausstellung. „Maple Leaf"-Münzen sind ein kanadisches Zahlungsmittel und heißen so, weil auf ihre Rückseite ein Ahornblatt (im Englischen „maple leaf") geprägt ist. Das Ahornblatt ist Teil der kanadischen Flagge. Mithilfe eines Wachmanns verschafften sich die Einbrecher im März 2017 Zutritt zum Museum und beförderten die 100 Kilogramm schwere Münze mit Schubkarre und Rollbrett unbemerkt hinaus. Ihre „Entführer", zwei junge Männer, die einem kriminellen Clan in Berlin angehören, hat man mittlerweile zwar gefasst, die Münze im Wert von 3,76 Millionen Euro blieb jedoch verschwunden. Man fand lediglich etwas Goldstaub. Waren das die kläglichen Überreste dieses Kunstschatzes? Man vermutet, dass die Goldmünze zerhackt, eingeschmolzen und dann verkauft wurde.

Die Einbrecher gelangten durch ein Fenster in das Grüne Gewölbe. Sie hatten zuvor die Gitterstäbe durchtrennt und wieder zusammengeklebt. Mit einer Axt zerschlugen sie die Vitrinen. Dann versprühten Schaum aus Feuerlöschern, um Spuren zu verwischen.

Weitere Mitglieder aus ebendiesem Berliner Clan brachen am Morgen des 25. November 2019 in das Grüne Gewölbe in Dresden ein. Eine Überwachungskamera hielt sogar fest, wie mehrere Männer einige Tage vorher das Museum ausspionierten. Bei dem Diebstahl wurden Kunstobjekte und Schmuck im Wert von 113 Millionen Euro aus dem Juwelenzimmer entwendet! Unter den gestohlenen Stücken befand sich auch der berühmte und sehr wertvolle „Sächsische weiße Diamant". Die Täter wurden glücklicherweise entlarvt und gefasst, denn die Polizei hatte in zwei ausgebrannten Fluchtautos Spuren der Beute und der Täter gefunden. Die Kunstobjekte und der Schmuck blieben aber leider verschollen. Auch in diesem Fall wird vermutet, dass sie zerlegt und zerstückelt wurden. Ein unermesslicher Verlust, sowohl für die Kunst als auch für unsere Geschichte!

Spuren einer berühmten Schlacht

Im Jahr 9 n. Chr. marschierten drei römische Legionen mit den Nummern 17, 18 und 19 durch das nördliche Germanien zu ihrem Winterquartier am Rhein. Ihr Anführer war der Feldherr Publius Quintilius Varus, der das Gebiet im Auftrag Kaiser Augustus erobert und gesichert hatte und dort nun als Statthalter eingesetzt war. Als Varus eine Meldung über einen Aufstand erreichte, ließ er sofort die Richtung ändern. Eine der Hilfstruppen ritt voraus. Die Männer dieses Trupps und ihr Befehlshaber Arminius gehörten dem germanischen Stamm der Cherusker an. Arminius, ein angesehener Fürstensohn, war vermutlich in jungen Jahren als Geisel nach Rom gekommen und mittlerweile römischer Bürger und Offizier geworden. Bislang hatte Arminius treu an der Seite der Römer gekämpft. Doch nun hatte er sich von ihnen abgewandt und heimlich unter verschiedenen germanischen Stämmen Verbündete gesucht. Die Nachricht von dem Aufstand war gefälscht, und die anrückenden Legionen erwartete ein Hinterhalt. Arminius gelang mit seiner Kenntnis des Geländes sowie der römischen Kampfestaktiken etwas Unglaubliches: In nur drei Tagen wurden die zahlenmäßig weit überlegenen römischen Truppen vernichtend geschlagen. In Rom war das Entsetzen über die Niederlage so groß, dass Kaiser Augustus verfügte, die Nummern 17, 18 und 19 sollten in Gedenken an die erlittenen Verluste nie wieder an eine Legion vergeben werden.

Die Helmmaske

Teile von Rüstungen und Waffen wurden am Kalkrieser Berg gefunden. So weiß man, wie die Männer auf beiden Seiten für den Kampf ausgerüstet waren.

Diese eiserne Maske gehörte zu einem römischen Helm und ist als Fund eine Sensation! Eisen war damals ein sehr kostbares Material, sowohl schwierig in der Gewinnung als auch in der Verarbeitung.

Römische Geschichtsschreiber verewigten die „Varusschlacht" in ihren Schriften, trotzdem geriet das furchtbare Ereignis in Vergessenheit. Erst vor etwa 550 Jahren wurden diese Schriften in einigen Klosterbibliotheken wiederentdeckt. Ein Rätselraten um den Austragungsort begann. Im Jahr 1875 dachte man, er läge bei Detmold im Teutoburger Land, und errichtete dort das Hermannsdenkmal. Diese bis dahin höchste Statue Deutschlands sollte an Arminius als den „Befreier Germaniens" erinnern, der, vermutlich von Martin Luther, inzwischen auch den Namen „Hermann" erhalten hatte. Zehn Jahre später meinte der bekannte Historiker Theodor Mommsen, dass Funde im Venner Moor im Kreis Coesfeld zur Varusschlacht passten. Ende der 1980er-Jahre schwenkte man um auf das Gebiet um Kalkriese im Osnabrücker Land, wo man bereits im 17. Jahrhundert römische Münzen gefunden hatte. Der britische Major und Hobbyarchäologe Tony Clunn entdeckte am Kalkrieser Berg Münzen, Bleigeschosse und weitere Funde, die auf eine große Schlacht hinwiesen. 1989 wurde die Ausgrabung gestartet. Immer noch entnehmen die Archäologen dem Boden wertvolle Schätze aus römischer Zeit. Aber wirklich eindeutige Beweise für die Varusschlacht fehlen bis heute. Ihre Geschichte ist noch lange nicht zu Ende erzählt.

Alte Grotte – neuer Zauber

Seit jeher haben Grotten etwas Märchenhaftes an sich: Im kühlen Schatten zwischen Farnen und Felsen tummeln sich Nymphen und Waldgeister, wird gemunkelt. Diese Vorstellung regte die Fantasie der Gartenkünstler an, und so bekam die künstliche Grotte schon früh einen festen Platz in den herrschaftlichen Gärten – auch im Park von Schloss Herrenhausen. Mit ihren Wasserspielen, Muscheln, Kieseln und Kristallen war sie ein beliebter Rückzugsort der feinen Gesellschaft, bis man in der zweiten Hälfte des 18. Jahrhunderts das Interesse an dem Garten verlor, und die Grotte verfiel. Erst gegen Ende des 20. Jahrhunderts entschloss sich die Stadt Hannover, sie zu neuem Leben zu erwecken. Dafür beauftragte man eine Künstlerin, die nicht nur ein Herz für Hannover, sondern auch ein besonderes Gespür für magische Bilder und Gärten hatte – die in Frankreich geborene Niki de Saint Phalle. Und Niki nahm sich Großes vor: Sie ließ die Innenwände der drei Räume samt der Gewölbe mit einer „Haut" aus farbigen Spiegelmosaiken und Kieselsteinen überziehen. Die Wirkung ist umwerfend: Mit dem Betreten der Eingangshalle taucht man in ein Universum aus funkelnden Farb- und Kieselbändern ein, die sich wie eine aufgehende Sonne in rot-orangen und silbernen Wellen über Wände und Gewölbe ziehen. Von dieser Eingangshalle zweigen zwei Gänge ab, einer nach rechts und einer nach links. Sie locken in die benachbarten Säle – der eine tiefblau wie die Nacht, der andere silberhell wie der Tag.

Wenn du die Grotte in Herrenhausen besuchst, nimm dir Zeit zum Verweilen: Betrachte Nikis Welten mit den rätselhaften Figuren und Tieren, die über Gewölbe und Wände tanzen. Beobachte das Licht, das je nach Tageszeit die Stimmung der Räume verändert, und entdecke dich immer wieder neu in den Glasmosaiken, die dein Spiegelbild auf geheimnisvolle Weise verwandeln.

Die Grotte von Schloss Herrenhausen

Niki de Saint Phalle und Hannover – das war eine Freundschaft „durch dick und dünn": Als erste deutsche Stadt stellte Hannover 1974 Nikis „Nanas" am Ufer der Leine auf. Heute kaum mehr vorstellbar, aber damals lösten diese prallen, poppigen Skulpturen eine Welle der Empörung aus. Trotzdem blieb die Stadt der Künstlerin treu. Niki dankte es ihr mit einer großzügigen Schenkung an das Sprengel Museum im Jahr 2000. Die Ausstattung der Grotte in Herrenhausen war Nikis letzter zauberhafter Streich in Europa: ein modernes Spiegelkabinett mit barocken Wurzeln, das im März 2003 eingeweiht wurde.

Eine königliche Bildergalerie

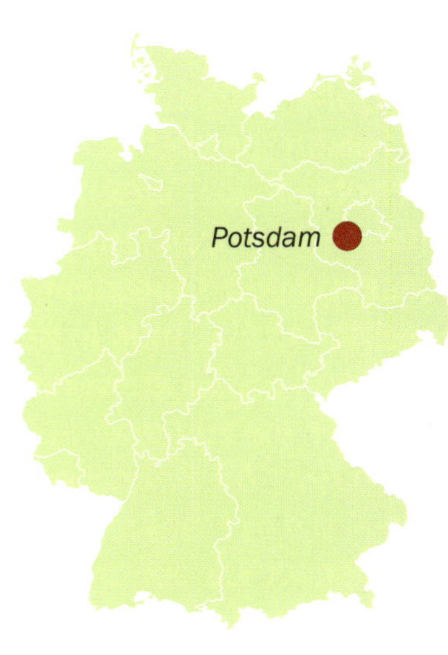

Der preußische König Friedrich II. schlendert gemächlichen Schrittes durch seine Galerie und präsentiert seinem Besucher stolz die prächtigen, dicht an dicht hängenden Gemälde. Friedrich der Große liebt die Künste und hat mit diesem Bau, gleich neben seinem Potsdamer Schloss Sanssouci, einen besonderen Ort für seine Schätze geschaffen. Ein Schmunzeln huscht über das Gesicht des Herrschers. Seine Bildergalerie ist inzwischen weit über die Landesgrenzen hinaus berühmt: „Nach Sankt Peter in Rom das Schönste, was es auf der Welt gibt" – so heißt es sogar in Frankreich und Italien! Aus ganz Europa reisen die adligen Bewunderer an. Zufrieden wandert der Blick des Königs über den vergoldeten Stuck und die gleichfarbigen Rahmen. Die Wandverkleidung ist aus seltenem gelbem Marmor, der in der Antike aus Nordafrika hergeschafft wurde und nur in Kaiserpalästen verbaut wird. Der Marmor des Fußbodens stammt aus Italien, aus Carrara und Siena, und ist ebenso kostbar. Am Ende der Galerie schließt sich ein Raum an, in dem weißer Carrara-Marmor mit einem ebenfalls in der Antike gewonnenen grünen Vulkangestein kombiniert wurde. Ein wahrhaft königlicher Ausstellungsort für eine außergewöhnliche Kunstsammlung!

Die Gemäldegalerie von Schloss Sanssouci

In Kriegszeiten ließ sich der kunstverliebte König sogar Kataloge zu Sammlungen und Versteigerungen ins Feldlager schicken.

Die Bildergalerie wurde in den Jahren 1755 bis 1763/64 neben Schloss Sanssouci und den „Neuen Kammern", die erst als Orangerie und dann als Gästehaus genutzt wurden, errichtet. Der schlicht gehaltene Bau, der östlich ans Schloss angrenzt, bereitet den Besucher nicht darauf vor, was ihn im Inneren erwartet: Über einen Seiteneingang betritt man zunächst einen Vorraum, doch dann öffnen sich die Türen zu einem prunkvoll gestalteten Saal. Im westlichen Flügel der Galerie sind die Werke niederländischer und flämischer Künstler ausgestellt, darunter der damals teuerste Maler Peter Paul Rubens. Der Alte Fritz, wie man Friedrich den Großen auch nannte, war ein Kenner dieser Künstler und reiste sogar hin und wieder unerkannt in die Niederlande, um Gemälde zu erwerben. Im linken Flügel hängen Bilder italienischer Meister wie Raffael und Caravaggio. Im Kuppelsaal in der Mitte mischen sich die Nationen. Der König erwarb auch antike und barocke Skulpturen und ergänzte damit seine Kunstsammlung. Da er seine Galerie schnell füllen wollte, bezahlte der Alte Fritz oft zu viel für das ein oder andere Werk, und manche Bilder großer Meister wie Leonardo da Vinci erwiesen sich im Nachhinein sogar als Fälschungen!

Friedrich II. hat in einem Brief an seine Schwester Wilhelmine von Bayreuth die Idee für seine Galerie als „Torheit" eingestanden. Glücklicherweise erteilte er seinen Worten zum Trotz dem berühmten Architekten Johann Gottfried Büring den Auftrag für den Bau.

Leider gingen im Laufe der Zeit, vor allem durch die Kriege, viele der Gemälde und Statuen verloren. Doch man verfolgt das Ziel, den Sammlungszustand zur Zeit des Alten Fritz mittels Rückkäufen und Leihgaben annähernd wiederherzustellen. Die heute 140 Werke umfassende Bildergalerie gilt als einer der prachtvollsten Bauten in Europa, die jemals zu einem solchen Zweck errichtet wurden, und sie ist gleichzeitig der älteste Galeriebau Deutschlands.

Von prächtigen Kutschen und Schlitten

Hufe klappern, Pferde schnauben, Räder rumpeln über das Pflaster. Das Gold der königlichen Kutsche schimmert im Sonnenlicht, die kostbaren Edelsteine auf den Decken der Pferde und ihrem Geschirr glitzern – all dieser Reichtum ist eine Machtdemonstration des preußischen Königshauses. Das Volk jubelt den zukünftigen Schwiegertöchtern Friedrich Wilhelms II. zu, die in seinem Paradewagen die Straßen Berlins in Richtung Schloss durchfahren. Was heute der Auftritt einer Luxus-Limousine bewirkt, erledigten im Jahr 1793 Kutschen, Sänften und Schlitten sowie das aufwendig gearbeitete Zubehör für die Pferde. Hofarchitekten und -bildhauer gestalteten die verschiedenen Modelle, die die Rüstkammer und Remisen des preußischen Herrschers füllten. Zu seinem Fuhrpark gehörten Jagd- und Reisewagen, etliche Sänften, der königliche Leichenwagen, die Kutsche für den Feldzug sowie leichte Wagen für Fahrten durch Stadt und Gärten, aber auch kleine Kutschen für Kinder, vor die man Ponys, Esel oder Ziegen spannte.

Acht Pferde zogen den goldenen Paradewagen des Königs, in dem Kronprinzessin Luise und ihre Schwester Friederike, begleitet vom Jubel des Volkes, in Berlin einfuhren. Die Zeremonie nannte man „Brauteinholung“. Alle künftigen Königinnen von Preußen wurden von da an mit diesem Wagen in ihr neues Zuhause geholt.

Schlitten und Paradewagen

Schlittenfahrten waren ein wichtiger Bestandteil des höfischen Lebens. Gefährte wie dieser Rennschlitten waren regelrechte Kunstwerke! Der Kutscher lenkte von hinten mit langen Leinen das Pferd über Schnee und Eis, während sein Passagier, in warme Decken gehüllt, die Fahrt genoss.

Ab der zweiten Hälfte des 17. Jahrhunderts bis weit in das 18. Jahrhundert saßen die berühmtesten Wagenbauer in Paris, ab 1760 auch in London. Um die Mitte des 18. Jahrhunderts wuchs in Berlin unter Friedrich II., genannt Friedrich der Große, eine Konkurrenz heran. Man orientierte sich an den Engländern, fertigte aber mit weniger Kosten: Messing und Versilberung lösten bei den Kutschenbeschlägen die teure Bronze ab, für die Innenausstattung wurden günstigere Stoffe wie Plüsch gewählt. Der nächste preußische König, Friedrich Wilhelm II., ging wieder im Ausland einkaufen. Er bestellte seinen neuen Paradewagen bei der berühmten Firma Ginzrot in Straßburg, andere Wagen in Warschau – alle nach der neuesten Mode und sehr elegant. Sein Thronfolger Friedrich Wilhelm III. löste 1810 die brandenburgisch-preußische Rüstkammer auf und verkaufte den Großteil der Kutschen und Schlitten. Einige Sammlungsgegenstände überführte man glücklicherweise in das 1877 eröffnete Berliner Hohenzollernmuseum im Schloss Monbijou. Kaiser Wilhelm II. errichtete den „Neuen Marstall“ am Berliner Schloss und erlaubte der Öffentlichkeit, seine Wagen und die historische Sammlung dort zu besichtigen. Nach dem Ende des Kaiserreichs brachte man einige historisch wertvolle Kutschen, Schlitten, Sänften und diverses Zubehör von dort wieder ins Schloss Monbijou. Leider ging im Zweiten Weltkrieg vieles davon verloren. Die letzten Sammlungsstücke, darunter der Paradewagen Friedrich Wilhelms II., fanden in Schloss Paretz ihr letztes Zuhause und berichten heute als bedeutende Zeugen der Wagenbau-kunst von ausgestorbenen Handwerken und vom Glanz vergangener Zeiten.

Die zwei Schwestern

Der preußische König Friedrich Wilhelm II. war entzückt, als sein Wunsch in Erfüllung ging: An Weihnachten 1793 heirateten seine beiden Söhne zwei „himmlisch schöne" Prinzessinnen. Der Thronfolger Friedrich Wilhelm ehelichte die 17-jährige Luise von Mecklenburg-Strelitz, sein kleiner Bruder deren zwei Jahre jüngere Schwester Friederike. Die Untertanen waren so begeistert, dass Rufe nach Abbildern des schönen Schwesternpaares laut wurden. „Eine gute Idee", fand Minister Friedrich Anton von Heinitz, der unter anderem über die Königliche Porzellanmanufaktur und die Akademie der Künste wachte. Seine Hoffnung: Vielleicht spülten solche Artikel ja Geld in die meist leere königliche Kasse! Der vielversprechende junge Bildhauer Johann Gottfried Schadow wurde beauftragt, Büsten der Schwestern anzufertigen, die man in Porzellan vervielfältigen wollte. Schadow war so begeistert davon, dass die schönen Mädchen ihm sogar persönlich Modell saßen, sodass er auch noch ein lebensgroßes Doppelstandbild aus Gips schuf. Er stellte die beiden jungen Frauen ganz natürlich dar. Luise trägt einen Schal um den Hals, der eigentlich nur eine Schwellung verstecken sollte, jedoch gleich nach der Präsentation der Figur in der Öffentlichkeit eine beliebte Modeerscheinung wurde.

Schadow zeigt dem Betrachter deutlich, welche Schwester die ranghöhere ist: Luise steht einen Schritt weiter vorne und legt schützend den Arm um Friederike. Kritik erntete Schadow allerdings für ein Blumenkörbchen, das Luise anfangs in der Hand hielt. Schnell wurde korrigiert und das Körbchen durch ein Stück Stoff ersetzt.

Das Doppelstandbild wurde 1795 erstmalig auf einer Ausstellung gezeigt und fand großes Lob. Die Produktion der Porzellankopien lief gut an. Schadow fertigte eine zweite Doppelstatue aus Marmor, die er 1797 auf einer Ausstellung zeigte. Kurz darauf starb der König. Sein Thronfolger fand die Statuen schrecklich, viel zu figurbetont und zu freizügig, deshalb verbot er ihre öffentliche Aufstellung. Zu Schadows großer Enttäuschung wanderten sie von seinem Atelier direkt in einen Abstellraum des Schlosses. Erst 1801 befreite man wenigstens die Marmorstatue aus ihrer Kiste und stellte sie in eine schlecht beleuchtete Ecke des Erdgeschosses. 1918 zog sie in einen Saal mit besserem Licht um, doch mit Ausbruch des Zweiten Weltkriegs verschwand sie wieder – zu ihrem Schutz in ein unterirdisches Verlies des Berliner Doms. Als man die Statue später in den Trümmern fand, war Luises Kopf abgebrochen. Eine „Narbe" erinnert an die „Verletzung". Johann Gottfried Schadows Prinzessinnengruppe zählt heute zu den besonderen Schätzen des Klassizismus.

Die Prinzessinnengruppe

Auch heute sind Nachbildungen der Prinzessinnengruppe ein Verkaufsschlager. Die Gipsstatue der Prinzessinnengruppe findest du in der Friedrichwerderschen Kirche, die Marmorstatue in der Alten Nationalgalerie.

Edelsteine, Gold und die Gebeine von Heiligen

Wir schreiben das Jahr 1173: Weihrauch wabert über die Köpfe der Gläubigen hinweg. Die Worte des Bischofs hallen durch den Raum der großen Kirche, die Gräfin Gertrud, Gattin des Grafen Liudolf, um 1030 gestiftet und mit einem kleinen Schatz ausgestattet hat. Das Besondere des prunkvollen Kreuzes, das im Kerzenlicht auf dem Altar funkelt: Unter dem großen Bergkristall an seinem unteren Ende soll sich ein Stück des Kreuzes, an dem Jesus Christus gestorben ist, verbergen! So mancher Blick liegt ehrfürchtig darauf. Doch an diesem Abend bestaunen die meisten Augen einen neuen Schatz, den Herzog Heinrich, genannt „der Löwe“, von seiner letzten Pilgerreise ins Heilige Land, dem heutigen Israel, mitgebracht hat – die Miniaturausgabe einer Kuppelkirche. Es ist ein Reliquiar, so nennt man die Aufbewahrungsbehälter für die Gebeine von Heiligen. In dieser Miniaturkirche soll sich das Haupt eines berühmten Kirchenlehrers und Märtyrers befinden: der Schädel des Heiligen Gregor von Nazianz! Was Gräfin Gertrud und ihr Urururenkel Heinrich der Löwe begonnen hatten, führten die Nachfahren des mächtigen Hochadelsgeschlechtes der Welfen fort: Sie bereicherten den Kirchenschatz um viele weitere und sehr kostbare Reliquien.

Eine Bestandsliste aus dem Jahr 1482 führt 138 Gegenstände aus vier Jahrhunderten auf. Leider wurden 1574 mehrere Teile gestohlen. In den Jahren 1658 bis 1670 schrumpfte die Anzahl weiter, denn Herzog Anton Ulrich war in Geldnot geraten und musste einige der Stücke verkaufen. 1671 fand der Schatz ein neues Zuhause in Hannover als „Belohnung“ für den katholischen Herzog Johann Friedrich von Braunschweig-Lüneburg-Hannover für dessen Unterstützung bei der Eroberung des protestantischen Braunschweigs.

Das war der Beginn seiner Wanderschaft: Nach einem kurzen Aufenthalt in England ging es wieder zurück nach Hannover, wo der Schatz im neuen „Königlichen Welfenmuseum“ das erste Mal der Öffentlichkeit gezeigt wurde. Danach brachte man ihn nach Österreich, von wo aus er in die Schweiz gelangte und von einem Nachfahren des Königs zum Verkauf angeboten wurde. 1930 erwarb ihn eine Gruppe jüdischer Kunsthändler und stellte ihn aus. Fünf Jahre später kaufte der preußische Staat ihnen 42 Teile des Schatzes für die Berliner Museen ab. Im Zweiten Weltkrieg fanden diese Schutz in einem Thüringer Bunker. Durch die US-Truppen gelangten sie 1945 nach Frankfurt. 1957 ging der „Welfenschatz“, so die Bezeichnung für den Rest des Kirchenschatzes seit dem 19. Jahrhundert, in die Stiftung Preußischer Kulturbesitz über und wurde einige Jahre später im Berliner Kunstgewerbemuseum ausgestellt. Dort ist er bis heute verblieben.

Der Welfenschatz

Der weltberühmte und einzige deutsche Kirchenschatz, der im Berliner Museum inzwischen 44 Stücke umfasst, erzählt von der großen Reliquien-Verehrung im Mittelalter, eindrucksvoller Goldschmiedekunst und einem mächtigen Herrscherhaus.

Seit 2017 ist der Welfenschatz Gegenstand eines großen Rechtsstreits: Nachfahren der jüdischen Kunsthändler erheben Anspruch darauf, denn der Verkauf im Jahr 1935 erfolgte unter dem Zwang der Nationalsozialisten.

Eine Königin von großer Schönheit

Eine der schönsten Frauen des alten Ägypten war sicherlich Nofretete, deren Name „Die Schöne ist gekommen“ bedeutet. Der Bildhauer Thutmosis sollte ihr Antlitz für die Ewigkeit festhalten und hinterließ der Welt damit einen ganz besonderen Kunstschatz: Wer Nofretetes Büste, die aus Gips und Kalkstein gefertigt und dann bemalt wurde, im Ägyptischen Museum in Berlin betrachtet, wird sofort gefangen genommen vom Zauber ihres lebendig wirkenden Gesichts. Um Nofretete selbst ranken sich viele Geheimnisse, als gesichert gilt nur sehr wenig. Ihr Gemahl, Pharao Amenophis IV., bestieg um das Jahr 1353 v. Chr. den Thron, doch Nofretete hatte großen Einfluss auf ihn und beteiligte sich sogar an seinen Regierungsgeschäften. Zusammen brachten sie enorme Veränderungen auf den Weg: Eine neue Hauptstadt wurde errichtet, und statt vieler Götter durfte nur noch der Sonnengott Aton angebetet werden. Der Pharao gab sich diesem zu Ehren sogar einen neuen Namen: Echnaton – „Der Aton dient“. Wie kein anderer Herrscher vor ihm förderte er die Malerei und Bildhauerei. Prächtige Kunstwerke sollten ihn und Nofretete, seine Familie und Gott Aton gleichermaßen preisen. Und das nicht mehr so starr, idealisiert und kantig wie bislang üblich, sondern wirklichkeitsgetreu und in Bewegung! Pferdemähnen flatterten nun im Wind, die Gesichter waren nicht mehr einheitlich schön, sondern erhielten die charakteristischen Merkmale der dargestellten Personen. Gefühle wurden gezeigt, schiefe Nasen und auch Falten.

Jahrtausende lag die Büste der Nofretete verborgen in den Ruinen der Werkstatt des Thutmosis – bis das Grabungsteam unter Leitung des deutschen Architekten und Ägyptologen Ludwig Borchardt sie am 6. Dezember 1912 dort entdeckte.

Die Büste der Nofretete

Nofretetes linkem Auge fehlt die Pupille. Ob sie herausgefallen ist, gar nicht eingesetzt oder absichtlich entfernt wurde – darauf gibt es bis heute keine endgültige Antwort.

Auf die Künstler des alten Ägypten finden sich in der Regel selten Hinweise. Der Bildhauer Thutmosis bildet da eine Ausnahme: Archäologen entdeckten ein Schild mit seinem Namen bei Ausgrabungen in den Ruinen von Echnatons neuer Hauptstadt Achetaton. Daher weiß man sogar, wo Thutmosis lebte und arbeitete. Unter dem Herrscherpaar brachte er es zu Ruhm und Reichtum. Doch dem Großteil des altägyptischen Volkes missfielen all die Reformen, und so kehrte es nach dem Tod Echnatons und Nofretetes zurück zum alten Glauben, zur alten Kunst und auch zurück in die alte Hauptstadt Theben. Viele der Bildnisse, die an die Zeit Echnatons erinnerten, wurden zerstört. Doch die Büste der Nofretete blieb unbeschadet. Sie ist einer von vielen Kunstschätzen, um die sich heute noch zwei Länder, Deutschland und Ägypten, streiten: War es rechtmäßig oder geschah es mit unlauteren Mitteln, dass man sie mit nach Deutschland nahm?

Berühmtes Bild - Maler unbekannt!

Eiliges Gewusel, aufgeregtes Gemurmel, Beine von Hockern und Staffeleien, die über den Boden schaben. Hier ein Fluchen, dort ein zufriedenes Brummen. Auf einmal Stille. Ein Raunen geht durch den Saal: „Der Meister ist da." Ein stattlicher Mann in kostbarer Kleidung aus Brokat, Seide und Pelz schreitet gewichtigen Schrittes durch die Werkstatträume in Amsterdam und begutachtet die Arbeiten seiner Schüler. Der 1609 in Leiden geborene Rembrandt van Rijn ist seit den 1630er-Jahren eine Berühmtheit in der Stadt – alle wohlhabenden Amsterdamer lassen ihre Porträts von ihm anfertigen. Sein Spiel mit Licht und Schatten und seine Grafiken machen ihn über die Landesgrenzen hinaus bekannt und so wohlhabend, dass er seine eigene Werkstatt eröffnen kann. Doch als im Juni 1642 Rembrandts Frau Saskia stirbt, wendet sich das Leben des Malers drastisch. Hohe Schulden häufen sich an, obwohl er weiterhin viele Aufträge erhält. In diese Zeit fällt die Entstehung des berühmten Gemäldes „Mann mit dem Goldhelm". – Etwa 250 Jahre später: 1897 kommt das Bild als Neuerwerbung aus einer Schweizer Privatsammlung in die Berliner Gemäldegalerie. In Fachkreisen ist es gänzlich unbekannt. Direktor Wilhelm von Bode schreibt es sofort dem berühmten Künstler zu und vermutet in dem porträtierten Mann Rembrandts älteren Bruder Adriaen. Das Gemälde wird der Star des Museums und erfreut sich außerordentlicher Beliebtheit unter den wohlhabenden Bürgern – bis ins 20. Jahrhundert hinein schmücken Kopien des Bildes unzählige Privatwohnungen.

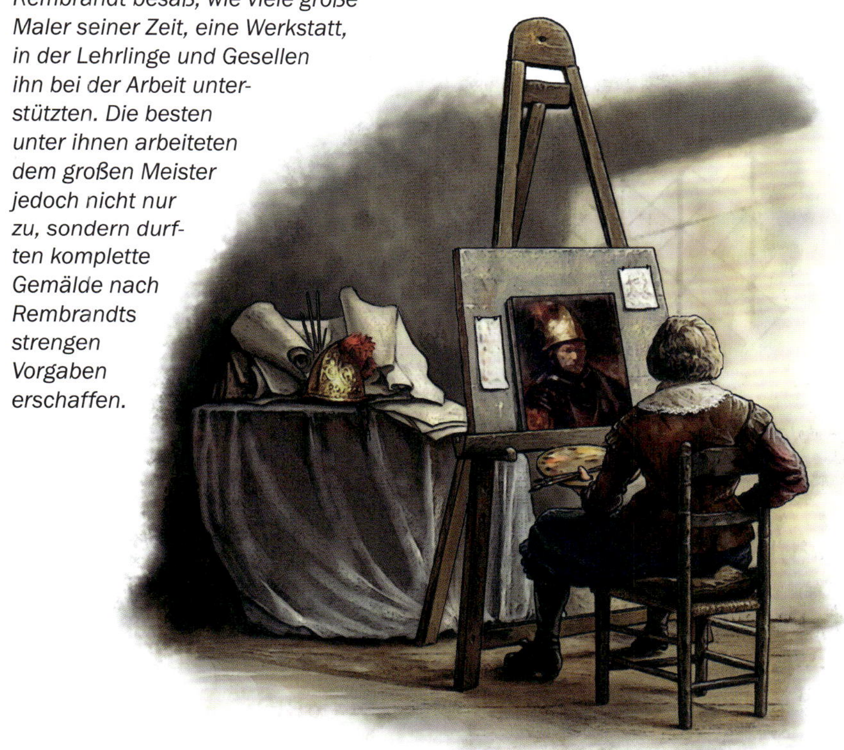

Rembrandt besaß, wie viele große Maler seiner Zeit, eine Werkstatt, in der Lehrlinge und Gesellen ihn bei der Arbeit unterstützten. Die besten unter ihnen arbeiteten dem großen Meister jedoch nicht nur zu, sondern durften komplette Gemälde nach Rembrandts strengen Vorgaben erschaffen.

Der Mann mit dem Goldhelm

Das Gemälde ist kein Porträt im eigentlichen Sinne, sondern vielmehr die Darstellung einer anonymen Person mit einer auffälligen Kopfbedeckung, die an die hochrangigen spanischen oder italienischen Wachsoldaten im 16. Jahrhundert erinnert.

Im Jahr 1968 reist ein Team des „Rembrandt Research Project" aus Amsterdam nach Berlin, um das Gemälde genauer unter die Lupe zu nehmen. Die Wissenschaftler prüfen alle bekannten Werke Rembrandts auf ihre Echtheit, um Fälschungen zu enttarnen. Bei der Vielzahl der Aufträge, denen Rembrandt nachkommen musste, wäre es ein Ding der Unmöglichkeit gewesen, hätte er alle Gemälde selbst angefertigt. Viele Untersuchungen musste der „Mann mit dem Goldhelm" über sich ergehen lassen. Die Wissenschaftler stellten etliche Ungereimtheiten an dem Gemälde fest: Der große Kontrast zwischen Gesicht und Helm entspräche nicht Rembrandts Malweise, der Künstler hätte den Goldhelm niemals so perfekt dargestellt, und warum habe sich Direktor von Bode eigentlich nicht über die fehlende Signatur gewundert? Aber die Farben – die stammen tatsächlich aus Rembrandts Zeit. Ist der Schöpfer also vielleicht ein Mitglied der Werkstatt gewesen? Der Star unter den Gemälden des Berliner Museums musste aus dem Rampenlicht treten, seine wahre Geschichte wird vermutlich für immer im Dunkeln bleiben.

Berlin

Der ganze Himmel auf einer Scheibe

Eine schlichte Scheibe aus grünlich angelaufener Bronze mit goldenen Verzierungen – auf den ersten Blick kein sonderlich kunstvolles Fundstück, und doch steckt darin das Wissen einer alten Welt. Aber was genau haben die Menschen vor rund 4 000 Jahren auf dieser knapp 32 Zentimeter großen Scheibe verewigt? Es sind einfache Symbole mit einer komplizierten Bedeutung: Der große Kreis könnte die Sonne sein oder auch der Vollmond. Die Sichel rechts dürfte auf jeden Fall den Mond darstellen und der schmale Streifen daneben, direkt am Rand, vielleicht einen „Horizontbogen". Den Vermutungen der Wissenschaftler nach, markiert dieser die Stellen, an denen die Sonne im Verlauf eines Jahres auf- und untergeht. Gegenüberliegend gab es ursprünglich wohl noch einen zweiten Bogen, doch dieser wurde entfernt oder ging verloren. Und das Symbol ganz unten? Soll dies ein kleines Schiff auf der Fahrt über den Himmelsozean darstellen? Bei einem ist man sich sicher: Die 32 runden Punkte, die sich über die gesamte Scheibe verteilen, symbolisieren Sterne.

Sieben davon, die in einer Gruppe eng beieinanderstehen, kommt wohl eine besondere Rolle zu. Die „Plejaden", ein großer „Haufen" Sterne, die etwa 125 Millionen Jahre alt sind, befinden sich im Sternzeichen Stier und erscheinen von etwa Anfang Juli bis Ende April am nördlichen Sternenhimmel. Einige davon kann man mit bloßem Auge erkennen. Nach den Plejaden richteten die Bauern seit der Jungsteinzeit ihr Arbeitsjahr aus: Wenn diese Sterne im April vom nördlichen Himmel verschwanden, war es Zeit für die Saat, erschienen sie im Juli wieder, begann man nach und nach mit der Ernte. War diese einzigartige Scheibe demnach ein Kalender für Menschen, die noch keine Schrift kannten? Als weltweit älteste bekannte konkrete Darstellung des Kosmos erzählt die Himmelsscheibe auch etwas über das Weltbild der Menschen damals: Ihrer Auffassung nach wölbte sich der Himmel über einer flachen Scheibe – der Erde.

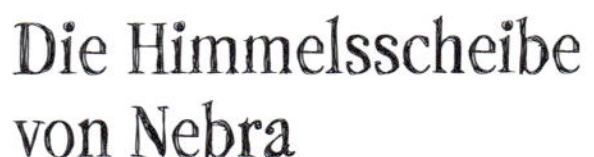

Die Himmelsscheibe von Nebra

Was meinst du: Warum befanden sich am Fundort der Scheibe auch zwei Schwerter, Beile sowie Reste von Armreifen? Die Archäologen fanden keinerlei Spuren eines toten Menschen, dessen Grabbeigaben dies gewesen sein könnten.

Die Wissenschaftler entdeckten, dass die Scheibe im Laufe der Zeit von verschiedenen Handwerkern bearbeitet und verändert worden war. Anhand eines kleinen Stücks Holz in der Fundgrube stellte man außerdem fest, dass die Himmelsscheibe vor etwa 3 600 Jahren auf dem Mittelberg bei Nebra deponiert wurde, senkrecht an eine Steinplatte gelehnt. Der Mittelberg war in vergangener Zeit vermutlich eine Art heiliger Berg, von dem man eine weite Sicht über das Land hatte. Und auch gut den Himmel und die Sterne beobachten konnte? Leider wird die wahre Geschichte der Himmelsscheibe niemals gelüftet werden, denn sie wurde 1999 bei einer Raubgrabung entdeckt, wodurch wichtige Hinweise zur genauen Fundsituation zerstört wurden. Zum Glück fand dieser wertvolle Schatz im Jahr 2008 letztendlich doch noch seinen Weg ins Landesmuseum für Vorgeschichte in Halle. Die Himmelsscheibe von Nebra gilt als einer der bedeutendsten archäologischen Funde weltweit und ist Teil des UNESCO-Weltdokumentenerbes „Memory of the World".

Die Raubgräber missachteten die Fundsituation und zerstörten damit bedeutende Hinweise, die die Geschichte der Himmelsscheibe von Nebra hätten nachvollziehbar machen können.

Bildung für alle

Was macht man mit vier Talern und sechzehn Groschen? Als August Hermann Francke 1695 diesen Betrag in der Sammelbüchse seines Pfarrhauses fand, zögerte er nicht lange. Noch am selben Tag kaufte er Bücher und berief einen Studenten als Lehrer. Lange hatte er das Elend in seiner Gemeinde in Glaucha mit angesehen. Nun wollte er helfen – mit Erziehung und Bildung! Denn er war überzeugt: Wer lesen und schreiben lernte, der führte auch ein besseres, gemeint war gottgefälligeres, Leben. Zuerst richtete Francke eine Schule nur für Arme ein. Als sich jedoch herumsprach, wie spannend der Unterricht war, wurden auch Kinder aus bürgerlichen und adligen Familien unterrichtet. Francke organisierte die Lehre neu und gründete 1698 ein Waisenhaus. Das wurde zum Herzstück seiner wachsenden Schulstadt mit Lehr- und Schlafsälen, Apotheke, Buchhandlung und Druckerei. Zudem legte Francke eine Kunst- und Naturalienkammer an, die später ihren festen Platz im Dach des Waisenhauses bekam. Das war eine Sammlung von natürlichen und künstlich hergestellten Dingen aus der ganzen Welt: Steine, Tier- und Pflanzenteile, aber auch Kleider oder Bücher und viele andere merkwürdige Dinge. Hier sollte die große Welt Gottes im Kleinen begreifbar sein, und so öffnete Francke die Sammlung auch für Besucher. Das brachte Geld in die Kasse und kam dem Ausbau der Schulstadt zugute.

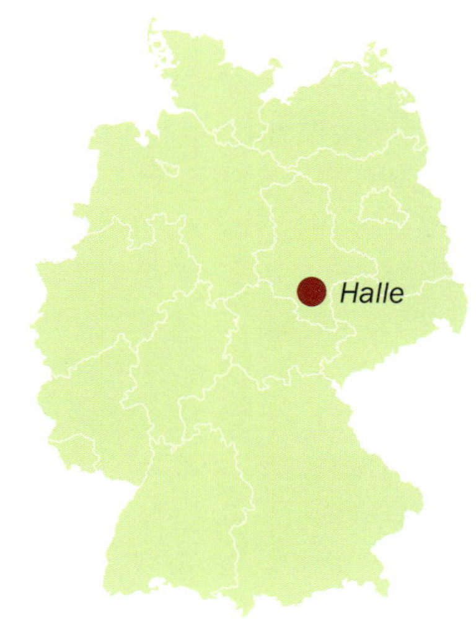

Der Maler Gottfried August Gründler brachte Franckes Sammlung auf Vordermann: Er schrieb lange Listen, ordnete die Ausstellungsstücke neu und baute die sechzehn Schauschränke, die der Wunderkammer ihr prachtvolles Äußeres geben.

Franckes Kunst- und Naturalienkammer

Nirgendwo sonst auf der Welt tauchst du so tief in die wundersame Welt barocker Sammellust ein wie unter dem Dach des alten Waisenhauses in Halle. Dort hängt auch ein echtes Nil-Krokodil unter der Decke, ausgestopft mit Stroh, wie es damals üblich war.

Das Einrichten von Kunst- und Naturalienkammern war im 18. Jahrhundert längst nichts Ungewöhnliches mehr. Mit ihrer Hilfe erforschten Fürsten, Bürgerliche und Gelehrte die Geheimnisse des göttlichen Universums. Gleichzeitig erfüllten solche Sammlungen dieselbe Aufgabe wie Bibliotheken – sie waren „Wissensspeicher". In der Schulstadt wurde die Kunst- und Naturalienkammer vor allem im Unterricht eingesetzt. Durch das direkte Betrachten der Dinge konnte man die Zusammenhänge der Welt viel anschaulicher und spannender vermitteln. Das unterschied Franckes Lehre von dem herkömmlichen Unterricht. Schon im Jahr 1698 hatte der Pfarrer die Sammlung mit kurfürstlicher Unterstützung ins Leben gerufen und in den folgenden Jahren stetig erweitert: Die Geschenke kamen aus aller Welt. 1718 kam die „Mechanische Kammer" von Christoph Semler hinzu. Das war eine Sammlung technischer Modelle aus Holz, die der Pfarrer und Lehrer für seine Schüler erfunden hatte, um sie auf die praktischen Berufe eines Landarbeiters oder Zimmermanns vorzubereiten. Deshalb gilt Christoph Semler auch als Begründer der Realschule.

Funkelnder Fund aus dunkler Zeit

Wer den Keller der Alten Synagoge in Erfurt betritt, landet nicht in einem finsteren Gewölbe, sondern in einer glitzernden Schatzkammer: silberne Gefäße und Münzen, edelster Schmuck und dazu ein Hochzeitsring, der seinesgleichen sucht. Was haben diese Dinge hier unten verloren? Sie sind Zeugen einer dunklen Vergangenheit, die von Flucht und Verfolgung erzählt. Im 14. Jahrhundert ging in Europa die Pest um: Jeder Vierte fiel dem „Schwarzen Tod“ zum Opfer. Die Schuld daran schob man den Juden in die Schuhe. Ihr Glaube und ihr wirtschaftlicher Erfolg machten sie, wie so oft, zum willkommenen Sündenbock. Es setzte eine Welle grausamer Gewalt ein, die auch Erfurt erfasste: Am 21. März 1349 überfiel eine Gruppe bewaffneter Verschwörer das Wohnviertel der jüdischen Mitbürger. Anfangs setzten sie sich zur Wehr, aber als es immer mehr Tote gab, trat man den Rückzug an. Die Lage war verzweifelt und spitzte sich zu, als plötzlich ein Feuer losbrach. An diesem furchtbaren Tag im Frühling kamen in Erfurt alle jüdischen Familien ums Leben. Zurück blieb ihr Hab und Gut, auf das sich der Erfurter Rat stürzte: Er ließ in den Trümmern nach Kleidern und versteckten Kostbarkeiten suchen und machte alles zu Geld. Doch ein Schatz entging den gierigen Händen …

Der Hochzeitsring ist aus purem Gold und das bedeutendste Schmuckstück des „Erfurter Schatzes“. Weltweit gibt es nur drei Hochzeitsringe aus dieser Zeit!

Zu dem Schatz gehören acht Broschen. Sie sind besonders kostbar: Nicht nur wegen ihres Materials und den kunstvollen Verzierungen, sondern auch, weil sie seltene Zeugen mittelalterlichen „Modeschmucks“ sind!

Im Herzen von Erfurt stieß 1998 ein Bauarbeiter mit seiner Schaufel auf einige Gefäße. Er wandte sich damit an die Archäologen vor Ort, die bei der systematischen Suche auf fast 30 Kilogramm Gold und Silber stießen!

Es war die Wissenschaft, die dem Schatz nach und nach seine Geheimnisse entlockte: Die Münzen und der Schmuck kreisten das Alter ein, die hebräische Inschrift auf dem Hochzeitsring verwies auf die jüdische Herkunft. Dazu passte der Fundort im ehemaligen jüdischen Viertel von Erfurt. Schließlich ließ sich das Versteck im Keller eines Wohnhauses ziemlich sicher einem ehemaligen Hauseigentümer zuordnen: dem jüdischen Geldhändler Kalman von Wiehe. Nicht zuletzt war es die Art, wie die Gegenstände in der Erde lagen – die kleinen Teile befanden sich in den Gefäßen, die ihrerseits wohl mit Tuch und Gürteln umwickelt waren –, aus der man folgende Schlüsse zog: Kalman wollte fliehen, konnte aber noch seinen Besitz verstecken, bevor ihn die Flammen überrumpelten.

Eine Schatzkammer des Wissens

Als am 2. September 2004 in der berühmten Herzogin Anna Amalia Bibliothek in Weimar ein Feuer ausbrach, wurde in wenigen Minuten vernichtet, was Menschen dort seit über drei Jahrhunderten mit Leidenschaft gesammelt hatten: Die im Jahr 1691 von Herzog Wilhelm Ernst von Sachsen-Weimar gegründete Bibliothek war als „Kunstkammer" angelegt worden, die das gesamte Wissen über die damals bekannte Welt einschließlich des Himmels darstellen sollte. Die Räume füllten sich im Laufe der Jahre nicht nur mit Büchern, sondern auch mit getrockneten Pflanzen, Tierpräparaten, Münzsammlungen, Büsten, Gemälden, Waffen, Uhren, Globen und Messinstrumenten. Als eine der ersten Fürstenbibliotheken, die sonst nur Adlige besuchen durften, war sie von Beginn an öffentlich und damit jedem interessierten Bürger zugänglich. Somit hatte sie zugleich die Funktion eines Museums. Die Nachfahren des Herzogs führten die Tradition fort. Besonders Herzogin Anna Amalia, die 1759 nach dem Tod ihres Mannes Ernst August II. Constantin mit nur 19 Jahren die Regentschaft über das Herzogtum Sachsen-Weimar-Eisenach übernahm, förderte Kunst, Literatur und Wissenschaft. An ihrem Hof versammelten sich bedeutende Schriftsteller wie Johann Wolfgang von Goethe und Friedrich Schiller, weit gereiste Naturwissenschaftler wie Alexander von Humboldt und geniale Musiker wie Ludwig van Beethoven. Sie verfassten in Weimar Werke, die ebenfalls ihren Platz in den Regalen fanden. Goethe, der eine lange Zeit in Weimar lebte und auch dort verstarb, hatte sogar mehrere Jahre die Oberaufsicht über die Bibliothek.

Weimar

In der Herzogin Anna Amalia Bibliothek, die ihren Namen erst 1991 in Gedenken an ihre Förderin erhielt, kannst du in eine spannende Welt des Wissens eintauchen.

Unzählige Bücher waren durch die Hitze und das Löschwasser auseinandergefallen, denn der Leim, der sie zusammengehalten hatte, bestand aus natürlichen Inhaltsstoffen. Auch die kostbaren Umschläge aus Leder, Holz, Seide oder Leinen hatten sehr gelitten. Die „Buchärzte" umwickelten die beschädigten Werke liebevoll mit Mullbinden, um sie wieder in ihre alte Form zu bringen, und legten sie in Regale, wo sie auf ihre weitere Behandlung warteten.

Die Anna Amalia Bibliothek

Neben den Bücherregalen sind Büsten berühmter Gelehrter aufgestellt. Es scheint, als wären sie immer noch im Gespräch.

Das schreckliche Feuer vernichtete viele Kunstgegenstände, Sammlungen von Musikstücken und vor allem Bücher: 50 000 Stück aus fünf Jahrhunderten gingen für immer verloren, 118 000 wurden schwer beschädigt. Während die „Buchärzte", wie man die Experten offiziell nannte, die die Bücher restaurieren konnten, einen „Patienten" nach dem anderen behandelten, machten sich die Weimarer Bibliothekare auf die Suche nach Ersatz für die unrettbaren Bücher. In Antiquariaten und auf Auktionen wurden sie zum Glück oft fündig. Denn auch von sehr alten gedruckten Werken gibt es meist mehrere Exemplare, von Handschriften leider nicht. Es wird allerdings noch viele Jahre dauern, bis die Herzogin Anna Amalia Bibliothek wieder so gefüllt ist wie vor dem Brand.

Kunstschätze finden und erforschen

Einen Schatz finden – davon träumt wohl jeder von uns, doch nur ganz wenigen ist dieses Glück vergönnt. Um einen professionellen „Schatzsucher" kennenzulernen, reisen wir auf die Insel Rügen und besuchen den Dachdeckermeister René Schön. Er liebt seine Heimat und ihre Geschichte – deshalb ist er seit 2015 ehrenamtlicher Bodendenkmalpfleger.

Hallo, René! Was macht ein „ehrenamtlicher Bodendenkmalpfleger" genau?

Man hilft dem Landesamt für Kultur und Denkmalpflege dabei, auf Bodendenkmäler wie Hünengräber oder Grabfelder aufzupassen. Außerdem sucht man die Gegend nach neuen Bodendenkmälern ab. Als Bodendenkmalpfleger braucht man eine gründliche Ausbildung. Die Arbeit ist nämlich nicht ungefährlich: Statt eines Stücks Goldschmuck kann man sehr leicht auf eine Handgranate aus dem letzten Weltkrieg stoßen!

Wie kamst du darauf, dass bei Schaprode ein Schatz versteckt sein könnte?

Ich hatte über Satellitenfotos entdeckt, dass dort einst zwei Hügelgräber nebeneinandergelegen haben mussten. Im April 2018 habe ich eines der Gräber untersucht. An einen richtigen Schatz hatte ich dabei gar nicht gedacht. Aber schon beim vorsichtigen „Ankratzen", wie man eine Probegrabung nennt, fand ich plötzlich eine Menge Münzen und Schmuckteile.

Was hast du gefühlt, als dir klar wurde „Mein Fund ist richtig wertvoll!"?

Erst war mir das nicht klar. Ich ging nach Hause und sah im Internet nach, was die Prägung auf einer der Münzen, die ich gefunden hatte, bedeuten könnte. Und dann wurde ich sehr aufgeregt: Sie musste aus der Zeit des dänischen Königs Harald I. Gormsson (um 910 bis 985/86), auch König Blauzahn genannt, stammen! Ich verständigte das Landesamt für Kultur und Denkmalpflege Mecklenburg-Vorpommern, und die Ausgrabungen begannen. Meine Entdeckung stellte sich als der größte Fund von Blauzahn-Münzen im südlichen Ostseeraum heraus – der ehemalige Hügel war keine Grabstätte, sondern eine Landmarkierung gewesen! Hier hatte König Blauzahn wohl einen „Schatz" versteckt, der dann in Vergessenheit geraten war.

Wem gehört der Fund, und was ist mit ihm passiert?

Der Schatz gehört allen. Er erzählt „unsere" Geschichte und sollte deswegen in einem Museum ausgestellt sein. Von Rechts wegen dürfen solche Funde nicht vom Finder behalten werden. Momentan liegt der Schatz beim Landesamt, damit er wissenschaftlich erfasst werden kann. Da dies wohl noch eine Weile dauert, habe ich die Erlaubnis bekommen, Kopien von allen Stücken anzufertigen. Sie sind im Selliner Museum „Seefahrerhaus" zu sehen.

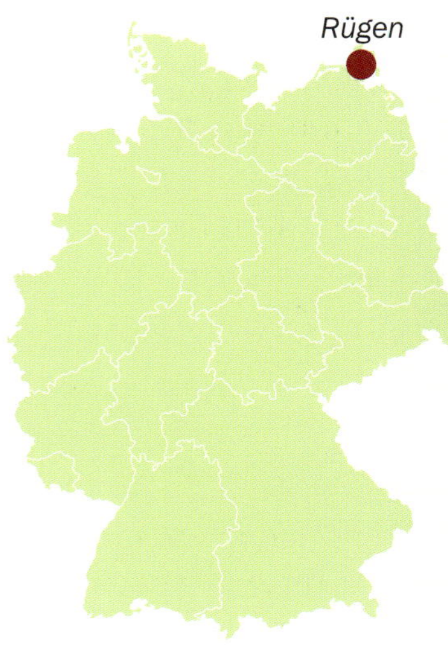

Ausgerüstet unter anderem mit Metalldetektor, Spaten und Feinteilsuchgerät („Pinpointer"), zieht René Schön los. Außerdem immer mit dabei: Fundzettel, Plastiktüten und GPS im Handy – jeder Fund muss schließlich exakt notiert werden.

Du willst dein Wissen an junge Leute weitergeben, wie machst du das?

Ich leite die „AG Bodendenkmalpflege" für junge Archäologen an der Gingster Schule. Die Teilnehmer haben sich begeistert in die Geschichte ihrer Heimat vertieft. Wir finden öfter Tonscherben und steinzeitliche Stücke. 85 % aller Funde sind allerdings Müll, den die Leute achtlos wegwerfen – aber da hat unser Tun ja auch etwas Gutes.

Der „Silberschatz von Schaprode" besteht aus etwa 1800 Teilen, darunter als größter Teil Hacksilber (zerkleinerte Silberteile), eine Währung der Wikinger, die im 9. bis 11. Jahrhundert gebräuchlich war.

Fällt der Begriff „Archäologie“, denken wir automatisch an Ausgrabungen zur Eiszeit und dem Alten Ägypten beziehungsweise zur griechischen oder römischen Antike. Doch die Archäologie erforscht einen noch viel größeren Zeitraum: In Tübingen lehrt Frau Prof. Dr. Natascha Mehler „Historische Archäologie“, die das Mittelalter und die Neuzeit umfasst. Gemeint ist damit die Zeit von etwa 600 n. Chr. bis heute, denn es werden auch ganz junge Gegenstände erforscht.

Tübingen

Warum bist du Archäologin an einer Universität geworden?

Als Kind bin ich gerne durch Burgruinen spaziert – sie waren sozusagen mein „Lieblingsspielplatz“. Und schon in der Schulzeit hatte ich eine Vorliebe für alte Dinge und alte Sprachen. Als ich das Studium und meine Doktorarbeit abgeschlossen hatte, gab es für Archäologen noch wenig Auswahl für den Einstieg ins Berufsleben: Museum, Denkmalamt oder Universität. Ich forsche und unterrichte gern – also entschied ich mich für Letzteres. Heute bieten übrigens auch private Grabungsfirmen gute und interessante Beschäftigungsmöglichkeiten.

Wieso erforschst du das Mittelalter und die Neuzeit?

Zu meiner Studienzeit „reiste“ man in der Klassischen Archäologie nur mittels Fotos von Büsten und Statuen an die antiken Orte. Das war mir zu langweilig. Das Mittelalter und die Neuzeit haben wir hier in Deutschland vor Ort, können die Burgen, Klöster und Städte direkt erforschen. Das fand ich viel spannender!

Was passiert mit einem Fund, den du mit deinem Team ausgräbst?

Die Funde werden erst einmal so, wie sie in der Erde liegen, dokumentiert. Die Fundsituation wird fotografiert, mit einem sogenannten Tachymeter punktgenau vermessen oder auch in 3D modelliert. Anschließend wird der Gegenstand geborgen, kommt in eine Tüte mit eigener Fundnummer und geht ans Landesamt für Denkmalpflege, in ein Museum oder an die Universität. Dort wird er zunächst im Fundeingangsraum gesäubert. Handelt es sich um einen Fund aus Leder oder Stoff, legt man ihn in einen Kühlschrank oder in eine Gefriertruhe, damit er nicht zerfällt. Anschließend wird er restauriert, fotografiert und erforscht. Über einen wichtigen Fund wird auch geschrieben. Das alles kann sehr lange dauern, denn dafür braucht man Geld und Personal. Irgendwann gelangt der Fund – abhängig von seiner Bedeutung – in ein Museum oder ins Depot.

Warum magst du das Wort „Schatz“ nicht so sehr?

Bei dem Wort „Schatz“ denkt man sofort an eine Kiste voller Gold. Vielleicht findet man bei einer Ausgrabung mal einen goldenen Ring oder eine goldene Münze, aber ich habe das noch nie erlebt. Wir Archäologen suchen keine „Schätze“, wir sind eher „Schatzforscher“. Ohne Sondengänger wie René Schön hätten wir zweifellos weniger Kenntnis über Fundmaterial, aber viele von ihnen arbeiten leider nicht professionell, sondern zerstören bei ihrer Suche die Fundsituation und damit die „Geschichte“ des Fundes. Doch gerade diese Geschichte ist für die Wissenschaft am wichtigsten!

Liegt dir ein Fund besonders am Herzen?

Am schönsten ist es natürlich, wenn ein Fund möglichst vollständig ist – also nicht nur einzelne Scherben eines Kruges, sondern das ganze Gefäß. Ganz besonders mag ich Tonpfeifen, aus denen man früher Tabak geraucht hat. Auch Inschriften sind ergreifend, weil sie eine enge Verbindung zu den Menschen herstellen, in deren Zeit man eintaucht. Wenn man einen Fund tatsächlich mit einer bestimmten Person verbinden kann, von der auch noch der Name bekannt ist, wird die Verbindung ganz besonders eng. Da ist es mir dann egal, ob ein Fundstück besonders alt oder jung ist.

Die Arbeit der Archäologen ist unglaublich spannend, aber auch sehr mühsam: Mit ihrem Grabungsgerät untersucht Natascha Mehler Zentimeter für Zentimeter vorsichtig den Erdboden, denn die Zeugnisse aus vergangenen Zeiten können sehr klein und dennoch überaus wichtig sein.

Kleine Puppenstadt – Großes Vergnügen

Es war einmal eine Prinzessin, die hieß Auguste Dorothea. Sie wuchs behütet im Glanz des elterlichen Schlosses in Wolfenbüttel auf. Ihr Vater, Herzog Anton Ulrich, war weithin bekannt als Kunstsammler und Förderer der schönen Künste. Aber wie bei allen Prinzessinnen dieser Zeit war Auguste Dorotheas Erziehung vor allem darauf ausgerichtet, sie auf ihre Rolle als Ehefrau und Mutter vorzubereiten. Als sie schließlich fast achtzehnjährig mit Graf Anton Günther II. von Schwarzburg-Sondershausen verheiratet wurde, musste sie ins kleinere Arnstadt umziehen. Die Jahre vergingen, doch die Ehe blieb kinderlos. Wie gut, dass Auguste Dorothea die Liebe zur Kunst und zum Sammeln in die Wiege gelegt worden war – so kam sie auf eine Idee: Warum nicht eine Stadt in Puppengröße bauen? In schlichten Schaukästen richtete die Fürstin nun Dutzende Häuser und ganze Landschaften ein, die sie mit Puppen zum Leben erweckte. Sie erzählen von Auguste Dorotheas Leben auf dem Schloss: von Kleidern aus Samt und Seide, heiteren Stunden bei Kaffee und Kartenspiel, Musik, Tanz und Empfängen. Die Szenen verraten aber auch viel über den Alltag ihrer Untertanen: Sie zeigen die Arbeit in der Bäckerei und Schreinerei, das bunte Treiben auf dem Markt, an der Poststation und das Leben in einem Kloster.

Arnstadt

Die Puppenstadt „Mon Plaisir“

Stell dir vor: Mit keiner der rund 400 Puppen ist jemals gespielt worden! Puppenhäuser waren damals kostbare Sammelstücke. Für Auguste Dorothea erfüllten sie aber noch einen weiteren Zweck: Die Szenen erinnern wie Fotos in einem Album an ihr eigenes Leben.

Zum Glück haben 82 Szenen aus „Mon Plaisir“ die Jahrhunderte überlebt – damit ist die Puppenstadt in ihrer Größe weltweit einzigartig. Früher hütete Auguste den Schatz in ihrem Lustschloss, heute findest du ihn im Schlossmuseum in Arnstadt.

Die „Puppenfürstin“ gab viel zu viel Geld für ihre Sammelleidenschaft aus, das brachte sie ständig in Schwierigkeiten. Trotzdem gab sie ihrer Puppenstadt den Namen „Mon Plaisir“, das ist Französisch und bedeutet „Mein Vergnügen“. Was bereitete der Fürstin wohl das größte Vergnügen? Die Einkaufstouren nach Leipzig, wo sie sich in einer Sänfte über den berühmten Markt tragen ließ, um schöne Stoffe und allerhand kostbare Dinge zu erwerben? Das Einrichten der Häuser im Stil ihrer Zeit? Oder das Nähen der Puppenkleider in geselliger Runde mit den Hofdamen? Dem Ausbau ihrer Puppenstadt widmete sich Auguste Dorothea ihr ganzes Leben lang, besonders in ihrer Zeit als Witwe.

Hinter den Kulissen

Majestätisch thront Schloss Friedenstein auf dem Hügel über der Stadt Gotha. Nach dem Dreißigjährigen Krieg wurde es auf den Überresten einer alten Burg erbaut und ist bis heute unzerstört geblieben. Noch immer durchweht das Schloss ein märchenhafter Zauber – und der wird jedes Jahr im Sommer aufs Neue lebendig. Wenn im mächtigen Westturm ein Glöckchen erklingt und dort ein ganz besonderer Kunstschatz seinen Vorhang hebt: Bühne frei für das Ekhof-Festival! Das ist ein Theaterfest, dessen Wurzeln bis in die Zeit des Barocks zurückreichen. Zwischen 1681 und 1683 ließ Friedrich I. in diesen Turm, der schon ein Ballhaus, eine Art Sporthalle, beherbergte, eine kleine Bühne einbauen. Vorstellungen gab es damals nur zu besonderen Anlässen, aber dann putzte sich der ganze Hofstaat heraus, um das Hochzeitspaar oder Geburtstagskind mit einem Theaterstück zu feiern. Grell geschminkte Schauspieler traten in schillernden Kostümen auf, Wolkenwagen schossen über den Bühnenhimmel, Bösewichte verschwanden in der Versenkung, und lautes Donnergrollen versetzte die Zuschauer in Angst und Schrecken. Dabei übernahm das Bühnenbild selbst eine Hauptrolle: In wenigen Sekunden konnte sich eine antike Stadt in ein wogendes Meer verwandeln, ein blühender Garten in ein düsteres Gefängnis. Denn Friedrich I. leistete sich für sein Theater die beste und modernste Bühnenmaschinerie – und diese bringt die Zuschauer bis heute zum Staunen!

Die barocke Bühnenapparatur ist ein ausgeklügelter Mechanismus, der sich sowohl in Ober- als auch in Unterbühne versteckt. Ihr Trick liegt in der zeitgleichen Bewegung aller Bühnenbilder, die man auch Kulissen nennt. Sie stehen seitlich auf Ständern, die durch Schlitze bis in die Unterbühne reichen. Dort fahren sie auf beweglichen Wagen hin und her – so können die Kulissenbilder wechseln. Zusätzlich hängen von der Decke sogenannte Soffitten herab, das sind bunte Stoffbahnen, die zusammen mit der hinteren Kulisse, dem „Prospekt", von der Oberbühne aus bewegt werden. Das alles zusammen macht den Zauber des Ekhof-Theaters aus.

Hier bekommst du einen modellhaften Einblick in die Maschinerie, die sich unter der Bühne versteckt. Sie wird auch heute noch von Hand betrieben. Dazu gibt es mindestens zwölf „Kulissenschieber", die alle gleichzeitig auf ein Kommando handeln müssen, damit sich das Bühnenbild wandelt.

Der Gothaer Bühnenschatz

Anfangs lud der Fürst wandernde Schauspieltruppen in sein Theater ein. Ein Jahrhundert später brachte der „Vater der deutschen Schauspielkunst", Conrad Ekhof, neuen Schwung in das Theaterleben: Das Spiel wurde lebendiger, und die Vorstellungen fanden regelmäßig statt. Nun waren auch Bürger zugelassen.

Ein klingendes Denkmal

Denkmäler des berühmten Komponisten Ludwig van Beethoven gibt es viele. Meist stehen sie auf einem Platz oder in einem Park, wo sie jeder Spaziergänger sehen kann. Dieses hier begrüßt seine Besucher im Eingang des Museums „Bildende Künste“ in Leipzig und sorgt für gemischte Gefühle: Die einen sind begeistert, die anderen schütteln die Köpfe. So oder so: Die Skulptur zieht alle Blicke auf sich, allein schon wegen ihrer enormen Größe und Theatralik! Dabei fing alles ganz bescheiden mit einer Eingebung am Abend an ... Max Klinger saß gerade am Klavier, als ihm die Idee für ein Beethovenbildnis in den Sinn kam, „so farbig bestimmt und deutlich wie nur wenige Sachen“. Der Bildhauer machte sich sogleich ans Werk: Er wollte ein Bildnis schaffen, dessen Farben so gewaltig „klingen“ wie die Musik des großen Vorbilds. Es war die Suche nach den Materialien, die Klinger lange in Atem hielt. Denn sie sollten kostbar sein, vielseitig und farbenreich. Heller Marmor aus Griechenland, schwarzer aus den Pyrenäen, Alabaster aus Tirol, Bernstein, Elfenbein und antike Glasscherben – nur das Beste war ihm gut genug. Und Klinger ließ sich noch etwas ganz Besonderes einfallen. Er kleidete Beethoven nicht in Hut und Mantel wie einen gewöhnlichen Menschen, sondern er inszenierte ihn nackt wie eine antike Gottheit. Mehr noch: Der Adler zu Beethovens Füßen verweist auf Zeus, das Oberhaupt der griechischen Götterwelt. Mit diesen künstlerischen Mitteln brachte Klinger seine Verehrung des musikalischen Genies zum Ausdruck.

Beethovens Gesicht ist dem Abdruck einer Maske nachempfunden, die der Bildhauer Franz Klein noch zu Lebzeiten des Komponisten 1812 anfertigte.

Max Klinger und sein Beethoven-Monument hatten ihren ersten öffentlichen Auftritt im Frühjahr 1902 in Wien. Hier widmete die „Wiener Secession“, eine Gruppe modern denkender Künstler, dem Komponisten zum 75. Todestag eine besondere Schau im eigenen Ausstellungshaus, dem Secessionspavillon. Das Denkmal, das Max Klinger nach 17-jähriger Arbeit kurz zuvor vollendet hatte, wurde als Höhepunkt der Veranstaltung gefeiert. Schon Tage zuvor ereiferten sich die Zeitungen über die Umstände, unter denen die monumentale Skulptur nach Wien reiste: Sie wurde in fünf Teilen auf einen Eisenbahnwaggon verladen und persönlich von Max Klinger begleitet. Es hieß, der Künstler sei bei ihrem Aufbau im Hauptsaal des Pavillons ziemlich nervös und blass gewesen. Aber es lief alles wie geplant. Klinger und sein Beethoven waren das Gesprächsthema der Wiener Gesellschaft, und die konnte sich einfach nicht entscheiden: War das „Genie in der Badewanne“ nun ganz große Kunst oder einfach nur lächerlich?

Die Beethoven-Skulptur

Farbige Skulpturen waren zu Max Klingers Zeit groß in Mode. Das kam dem Bildhauer gerade recht: Er führte die Materialien zusammen wie die Klänge eines Orchesters, das eine Sinfonie Beethovens spielt – hier dramatisch und laut, dort zart und leise.

Millionen Federn für ein Bett

Im Norden der Elbestadt Dresden liegt Schloss Moritzburg. Ein zauberhafter Ort, umgeben von Wasser und Wäldern. Perfekt geeignet für die sächsischen Herrscher, um sich von ihren Regierungsgeschäften zu erholen. Auch August der Starke ritt hier zur Jagd aus und vergnügte sich bei Fest und Spiel. Berühmt ist der mächtige Kurfürst und polnische König vor allem für seine Sammelleidenschaft. Nichts konnte ihm prachtvoll, exotisch und kostbar genug sein. Einem seiner schillerndsten Schätze begegnet man heute im Erdgeschoss von Schloss Moritzburg: Sobald die zwei Kronleuchter das geheimnisvoll hinter Glas liegende Zimmer erhellen, taucht er aus dem Dunkeln auf – ein riesiges Himmelbett mit passenden Wandbehängen. Das Außergewöhnliche erschließt sich erst bei genauem Hinsehen: Die gesamte Ausstattung besteht aus Federn! Schätzungen zufolge sind es wohl mehr als zwei Millionen Federn, die hier verarbeitet wurden – natürliche und gefärbte Federn von Pfauen, Perlhühnern, Eichelhähern, Enten und Fasanen. Schon damals war das Federbett eine wahre Sensation – allein die Menge an Federn und Arbeitsstunden, die in seiner Herstellung stecken, waren ein kleines Vermögen wert. Genau das Richtige für den extravaganten Geschmack August des Starken, der für das Bett auch eine atemberaubende Summe Geldes ausgegeben haben soll – 30 000 Taler sollen es gewesen sein!

Die Federschmücker bei der Arbeit

Zur Zeit August des Starken war es modern, mit kostbaren Federn Hüte, Kleider oder Möbel zu verzieren. Dafür gab es sogar einen eigenen Beruf: den des „Federschmückers“. Aber ein ganzes Schlafzimmer? Das war schon damals einzigartig und dabei ist es bis heute geblieben.

Eigentlich hatte August der Starke das Paradebett für sein neues Porzellanschlösschen am rechten Elbufer erworben. Aber kaum dass es 1723 dort eingetroffen war, ließ er die Bettvorhänge zu Wandbehängen umarbeiten – das Federbett verwandelte sich in ein Federzimmer! Nach dem Tod des berühmten Kurfürsten geriet das Möbel allmählich aus der Mode. Schließlich wurde es 1830 in Kisten verpackt und nach Moritzburg gebracht. Hier wurde aus dem Federbett plötzlich ein Federthron, über dessen Herkunft die abenteuerlichsten Gerüchte kursierten. Erst die 19-jährige Restaurierung brachte die Wahrheit wieder ans Licht: Das Bett war in London hergestellt worden. Dort hatte ein pfiffiger Franzose eine völlig neue Technik für den in adligen Kreisen so begehrten Federschmuck entwickelt. Er ließ die Federn nicht mehr aufleimen, sondern verweben, damit sie noch fluffiger und leuchtender wirkten!

Eine Madonna reist über die Alpen

Viele Kunstwerke, die sich heute im Museum befinden, haben bereits ein bewegtes Leben hinter sich. Dazu gehört auch die „Sixtinische Madonna“ in der Dresdner Gemäldegalerie „Alte Meister“. Es war der italienische Künstler Raffael, der das Bild 1512/13 im Auftrag von Papst Julius II. für die Klosterkirche San Sisto in Piacenza malte. Dort hing es 240 Jahre, bis August III., sächsischer Kurfürst und polnischer König, „Wind“ davon bekam. Schon lange war der König auf der Jagd nach einem Raffael, denn der durfte damals in keiner bedeutenden Galerie fehlen – erst recht nicht in seiner! Die Mönche im Kloster von Piacenza waren in Geldnot und deshalb bereit, ihren Raffael zu verkaufen. Aber sie wussten auch um seinen Wert: Der Preis, den sie verlangten, war gewaltig! Zwei Jahre feilschte man hitzig, mit dem Ergebnis, dass der König 1753 ein wahres Vermögen zahlte. Nun hieß es, das Bild zügig außer Landes zu bringen. So fiel die Reise mitten in den Winter: Man wickelte das Bild in ein gewachstes Tuch und verpackte es stehend in eine mit Stroh ausgepolsterte Kiste. Bei dichtem Nebel zog die Madonna über die verschneiten Alpen. Erst Wochen später, im März 1754, konnte August III. sie stolz in Empfang nehmen.

Durch den geöffneten Vorhang im Bild schaust du in den Himmel. Dort erscheinen dir Maria und ihr Kind. Aber sieht Maria nicht ein bisschen traurig aus? In der Tat, denn sie sieht den Tod ihres Sohnes am Kreuz voraus.

Die Sixtinische Madonna

Die beiden Engel kennst du sicher. Ihr Blick geht nach oben. Weißt du, warum? Das ist ein raffinierter Trick des Malers: So lenkt er unsere Aufmerksamkeit auf die Mutter und das Jesuskind.

Ihr Alpenabenteuer hatte die Sixtinische Madonna gut überstanden. In Dresden eroberte sie sich alsbald einen festen Platz in der Gemäldegalerie und ebenso in den Herzen der Menschen rund um die Welt. Doch ihre Abenteuer waren noch nicht zu Ende: In Zeiten des Krieges versteckte man den kostbaren Schatz. So verbrachte die Madonna die letzten Jahre des Zweiten Weltkriegs in einem Eisenbahnwaggon in einem Tunnel in der Nähe von Dresden. Von dort gelangte sie als Beutekunst der Roten Armee 1945 bis nach Moskau. Erst zehn Jahre später kehrte sie wieder nach Dresden zurück.

Nach einer Anekdote soll der Kurfürst beim Eintreffen der Sixtinischen Madonna in Dresden seinen Thron beiseitegeschoben und gerufen haben: „Platz für den großen Raffael!“

Geheimnis im Bild enthüllt

Die Gemäldegalerie „Alte Meister" in Dresden ist eine wahre Schatzkiste: Selbst die jüngsten der Bilder sind schon mehr als 200 Jahre alt! Wie kommt es, dass sie so gut erhalten sind? Das liegt an der Fürsorge der Restauratorinnen und Restauratoren. Sie kümmern sich darum, dass die Bilder regelmäßig von Staub und Schmutz befreit werden. 2017 stand die Reinigung des „Brieflesenden Mädchens am offenen Fenster" von Johannes Vermeer an. Aber wie reinigt man solch ein Gemälde überhaupt? Zuerst untersucht der Restaurator das Bild gründlich mit dem Mikroskop und studiert die vorherigen Untersuchungsberichte. Weil dieses Gemälde so bedeutend ist, rief man noch ein internationales Expertenteam dazu, bevor der Startschuss für die Reinigung fallen konnte. Streifen für Streifen trug der Restaurator den Firnis ab – das ist die oberste farblose Schutzschicht eines Gemäldes. Als er an einer Stelle plötzlich Farbe im Wattebausch hatte, hielt er erstaunt inne: Wie konnte das sein? War er auf eine alte Übermalung gestoßen, eine jüngere Ergänzung oder etwa auf Vermeers originale Farbschicht? Um das herauszufinden, schickte der Restaurator eine Probe ins Labor. Dort machte man eine sensationelle Entdeckung!

Brieflesendes Mädchen am offenen Fenster

Längst war bekannt, dass Vermeers „Briefleserin" mehrfach übermalt ist – auch ein großer Meister ist schließlich nicht immer gleich mit seinem Werk zufrieden. So wusste man von der Stelle, wo sich die Farbe abgelöst hatte, dass sich darunter ein Bild im Bild verbirgt, nämlich eines des Liebesgottes Amor. Bisher war man allerdings davon ausgegangen, Vermeer selbst habe diesen übermalt. Nun stellte sich aber heraus, dass er es nicht gewesen sein konnte. Und jetzt? Wieder berieten sich die Experten, und man entschloss sich zur Abnahme der Übermalung. Das war mutig! Aber das Ergebnis ist großartig: Heute leuchtet das gereinigte Bild nicht nur wieder in den klaren Farben Vermeers, sondern es hat auch seine alte Gestalt zurück.

Hier siehst du links, wie das Gemälde vor der Restaurierung aussah und rechts, wie es jetzt aussieht. Mit Abschluss der jahrelangen Arbeiten konnte bei Vermeers „Briefleserin" die einzige Firnisschicht weltweit freigelegt werden, die noch von dem Künstler selbst stammen könnte.

Die Türckische Cammer

„Die Türken kommen!“ Das war lange Zeit eine der Schreckensbotschaften in Europa. Denn dann stampften unzählige Pferde und Kamele mit ihren Reitern sowie Fußsoldaten von Osten kommend über europäischen Boden, begleitet vom Knirschen der Räder schwerer Geschützwagen. Über 200 Jahre kämpften die europäischen Mächte immer wieder gegen das Osmanische Reich – das Reich der Türken mit der Hauptstadt Konstantinopel, dem heutigen Istanbul. Die Grenze zwischen dem Osmanischen und dem Heiligen Römischen Reich verlief damals durch Ungarn, nur 150 Kilometer entfernt von Wien, der Residenzstadt des römisch-deutschen Kaisers. Einerseits gefürchtet, wurden die Osmanen zugleich für ihre fremdartige Kultur bewundert. So kam es, dass sich an Europas Herrscherhöfen die „Türkische Mode“ herausbildete. Auch in Dresden und besonders unter August dem Starken war sie sehr beliebt. Nach der Hochzeit seines Sohnes Friedrich August II. mit der österreichischen Kaisertochter Maria Josepha 1719 wurde in Dresden 40 Tage lang gefeiert. Zum Empfang des Brautpaares ließ August der Starke ein Zeltlager errichten, das von einer Garde der Janitscharen, der osmanischen Elitetruppe, bewacht wurde. Das spektakuläre Lager ging als „Zeithainer Lustlager“ und als besonders festliche Truppenschau in die Geschichtsbücher ein.

Zwanzig Meter lang, acht Meter breit und sechs Meter hoch – das große Prunkzelt in der „Türckischen Cammer“ ist ein wahrer Blickfang. Es ist eines von zwei erhaltengebliebenen osmanischen Staatszelten, die auf dem „Zeithainer Lustlager“ aufgestellt waren. Die Holzpferde in der „Türckischen Cammer“ sind mit kostbaren Decken, Sätteln und Zaumzeug ausgestattet. Auf den Festen wurden echte Araberhengste damit geschmückt.

Das Prunkzelt

Die „Requisiten“ für die Feierlichkeiten entnahm August der Starke der „Türckischen Cammer“, die zum kurfürstlichen Schatz gehört. Die hier versammelten Gegenstände sind nur zu einem sehr kleinen Teil Beute aus Schlachten gegen die Osmanen. Bei den meisten Stücken handelt es sich um Geschenke anderer Herrscher, Käufe aus der osmanischen Hauptstadt sowie um Auftragsarbeiten. Kopien eines „Türkenbuchs“ aus dem späten 16. Jahrhundert lieferten Hinweise auf Sitten, Gebräuche und Bauwerke der Osmanen. Heute umfasst die „Türckische Cammer“ im Dresdner Residenzschloss acht lebensgroße hölzerne Araberpferde mit kostbarem Reitzeug, ein riesiges Zelt aus Seide und vergoldetem Leder, reich verzierte Säbel, verschiedenste Schusswaffen, Helme und allerlei Alltags- und Kunstgegenstände. Dieser Kunstschatz ist außerhalb der Türkei weltweit einzigartig in seiner Art und Bedeutung.

Eine fürstlich-königliche Schatzkammer

August der Starke, Kurfürst von Sachsen und König von Polen, hatte 1723 die Idee, mittels eines Museums seine gesammelten Schätze zur Schau zu stellen. Jeder Untertan sollte sie bewundern dürfen. Also befahl er, die „Geheime Verwahrung“, in der er seine Kostbarkeiten aufbewahrte, prachtvoll auszugestalten und für die Öffentlichkeit zugänglich zu machen. So entstand das „Grüne Gewölbe“ in Dresden. Da Museen damals noch etwas sehr Seltenes waren, ist das Grüne Gewölbe heute eines der ältesten erhaltenen Museen weltweit und die einzige fürstliche Schatzkammer in Deutschland, die all die Kriege und Revolutionen überstanden hat. August der Starke ließ alle Gegenstände in den einzelnen Räumen nach ihrem Material sortieren: Gold, Silber, Bronze und Perlmutt, Edelsteine, Elfenbein, Bergkristall und Korallen. Eine besondere Vorliebe hatte der Herrscher für „Automaten“, so nannte man Figuren, die über ein ausgeklügeltes Räderwerk in Bewegung gesetzt wurden. Ein außergewöhnliches Stück in dieser Schatzkammer ist so klein, dass der Künstler eine Lupe benötigte, um es anzufertigen – ein Kirschkern, in den über hundert winzige Gesichter geschnitzt sind.

Natürlich wurde das Grüne Gewölbe mit eisernen Gittern und Fensterläden gegen Diebe geschützt. Im Gebäude passte ein Museumsinspektor mit seinen Gehilfen auf, dass kein Schatz plötzlich „Beine bekam“. Denn alle Kostbarkeiten waren frei zugänglich auf kleinen Konsolen vor Spiegelwänden ausgestellt, um die Besucher zu beeindrucken. Im Zweiten Weltkrieg verlagerte man die Sammlung auf die Festung Königstein, um sie vor dem Bombenhagel in Sicherheit zu bringen. Nach Ende des Krieges kam sie in die Sowjetunion, wurde aber 1958 der ehemaligen DDR in einer „Geste der Freundschaft“ wieder zurückgegeben. Heute kann man die Schatzkammer August des Starken und seiner Vorfahren im „Neuen Grünen Gewölbe“ und dem „Historischen Grünen Gewölbe“ bestaunen.

Der außergewöhnliche Name „Grünes Gewölbe“ entstand schon im 16. Jahrhundert. Alle Räume besitzen eine gewölbte Decke, und einzelne Teile waren lindgrün gestrichen.

Die Schatzkammer ist mittlerweile mit modernsten Alarmanlagen gesichert. Aber manchmal hilft selbst das nicht: Im November 2019 stahlen Kunsträuber Schmuckstücke in einem Gesamtwert von etwa 113 Millionen Euro, darunter den berühmten und sehr wertvollen Diamanten „Der Sächsische Weiße“. Die Diebe sind mittlerweile gefasst, doch von den Schätzen fehlt bis heute jede Spur.

Das Goldene Ei gehörte zu den besonderen Schätzen August des Starken. 1918 verschwand es spurlos. Vor Kurzem wurde es glücklicherweise wiedergefunden und konnte für die Schatzkammer zurückerworben werden. Im Ei-Dotter verbirgt sich ein Huhn, in diesem wiederum eine Mini-Krone und darin ein kostbarer Fingerring. Auf der Unterseite der Krone sieht man ein Schiff auf stürmischer See und darunter eine französische Inschrift, die besagt: „Standhaft trotz des Sturms“.

Goethe mit zwei linken Füßen

Der weltberühmte deutsche Schriftsteller Johann Wolfgang von Goethe brach am 3. September 1786 zu einer lang ersehnten Italienreise auf. In Rom traf er den Maler Johann Heinrich Wilhelm Tischbein, dessen Arbeit er sehr bewunderte und den er darum seit einiger Zeit finanziell förderte. Zusammen besichtigten sie die Stadt und die Umgebung und genossen die Gesellschaft gleichgesinnter Schriftsteller und Maler. Italien war damals ein beliebtes Reiseziel der Künstler, die hier die vielbewunderte römische Antike studierten. Tischbein kam auf die Idee, ein eindrucksvolles Porträt von seinem Förderer zu malen. Am 29. Dezember 1786 vermerkte Goethe dazu in seinem Reisetagebuch: „Ich bemerkte wohl, dass Tischbein mich öfters aufmerksam betrachtete, und nun zeigt's sich, dass er mein Porträt zu malen gedenkt. Sein Entwurf ist fertig, er hat die Leinwand schon aufgespannt. Ich soll in Lebensgröße, in einen weißen Mantel gehüllt, in freier Luft auf einem umgestürzten Obelisken sitzend, vorgestellt werden, die tief im Hintergrund liegenden Ruinen der Campagna di Roma überschauend."

Frankfurt

Tischbeins Skizzen entstanden in der freien Natur. Doch die Szenerie um den Dichter in dem fertigen Gemälde entstammt der Fantasie des Künstlers: Sie demonstriert, wie wichtig den Künstlern damals der Rückbezug zur Antike war.

Vermutlich nicht Tischbein selbst, sondern der unbekannte Maler, der das Bild vollendete, war es, der Goethe zwei linke Füße verpasste. Auch ist der hintere Oberschenkel länger als der vordere statt umgekehrt. Das Gemälde wurde trotzdem mannigfach kopiert und diente als Vorlage für zahlreiche Karikaturen.

Goethe in der römischen Campagna

Tischbein begann mit der Arbeit an dem Gemälde im Dezember 1786. Die Vorzeichnungen, die der Künstler der Nachwelt hinterlassen hat, zeigen jedoch, dass er es vermutlich nie vollendet hat: Der Dichter liegt in dem Gemälde auf den Trümmern eines Obelisken. Es sind allerdings keine Hieroglyphen auf den Steinbrocken zu sehen wie in den Skizzen. Außerdem fehlen Name, Datierung und Entstehungsort, die sonst verlässlich auf jedem Werke Tischbeins zu finden sind. Als der Künstler von seinem Italienaufenthalt wieder nach Deutschland zurückkehrte, verblieb das Bild in Neapel. Die weitere Geschichte des Werkes liegt im Dunkeln: Wo verblieb es nach der Abreise Tischbeins, und wann kam es in den Besitz des Bankiers Karl Mayer von Rothschild? Doch eines weiß man gewiss: 1887 schenkte es dessen Enkelin Baronin Salomon von Rothschild dem Museum Städel in Frankfurt, der Geburtsstadt Goethes. Tischbeins Porträt prägte von da an die Vorstellung der Menschen vom Aussehen des großen Schriftstellers und brachte es – ebenso wie das große Vorbild – zu Weltruhm.

Ein tierisches Wimmelbild

Auf einem Gemälde im Schloss Wilhelmshöhe in Kassel ist der Löwe los – und dazu sind es noch ganz viele andere Tiere: Bären, Affen, Stachelschweine, Leoparden ... und mittendrin ein frecher Mops! Was ist denn das für eine merkwürdige Vollversammlung, zu der Raub- und Haustiere aller Kontinente zusammengeströmt sind? Wo trifft ein Eisbär auf einen Löwen? Und wo wächst eine Eiche neben einer Palme? Doch wohl nur im Paradies – oder eben in der Fantasie! Der Maler Johann Melchior Roos gestaltete die Natur in seinem Gemälde nach dem Vorbild der Heimat seiner tierischen Hauptfiguren, die aus den verschiedensten Teilen der Erde stammen – und schuf so eine ganz eigene Welt, in der die meisten Tiere als Paare auftreten. Dabei fallen die Vielfalt und Genauigkeit auf, mit der Roos diese porträtierte, ohne dass er jemals Afrika oder Asien bereist hatte. Woher nahm er also seine Fachkenntnis? Er bekam sie in Kassel: Das Werk entstand im Auftrag des Landgrafen Carl von Hessen-Kassel. Der barocke Fürst leistete sich, wie damals an vielen Fürstenhöfen üblich, eine „Menagerie", also einen kleinen Zoo mit außergewöhnlichen Tieren. Und genau die sollte Roos in einem Bild vereinen. Eine große Aufgabe, für die sich der Maler, zahlreicher Ermahnungen des Fürsten zum Trotz, sieben Jahre lang Zeit ließ, bis das Gemälde 1729 endlich vollendet war. Doch das Warten hatte sich ausgezahlt: Kassel besaß nun das größte auf Leinwand gemalte Tierpanorama seiner Zeit!

Wusstest du, dass niederländische Kaufleute den Mops aus China mit nach Nordeuropa brachten? Hier eroberte das possierliche Hündchen die Herzen der adligen Damen im Sturm.

Die Menagerie des Landgrafen Carl

Wozu brauchte Carl ein Bild seiner Tiere, wo er sie doch jederzeit in ihrem Gehege im nahe gelegenen Auepark besuchen konnte? Das Sammeln von Raritäten gehörte zu den großen Leidenschaften der Fürsten. Bücher, Bilder, Porzellane, Tiere und Pflanzen aller Art und Herkunft – so erklärte man sich Gottes Schöpfung, stillte seine Neugier und die Sucht nach Vergnügen, Macht und Pracht. Carl bildete da keine Ausnahme. Er machte sich aber auch Gedanken darüber, was von seiner Herrschaft übrig bleiben würde, wenn er starb. Seine Idee: Ein riesengroßes Gemälde mit den kostbaren Tieren seiner Menagerie würde die Erinnerung an ihn, den gelehrten Landesherrn, lebendig halten. Schließlich stellte es eine bis dahin einzigartige gemalte Enzyklopädie der Tiere dar, die ihren Platz im „Kunsthaus" zwischen Tieren, Pflanzen und anderen Dingen erhielt. Heute befindet sich das barocke Wimmelbild in der Kasseler Gemäldegalerie „Alte Meister" auf Schloss Wilhelmshöhe – und auch hier ist es wieder das größte aller Gemälde.

Rundum gesund und vergnügt

Mit dem 18. Jahrhundert – dem „Zeitalter der Aufklärung“ – kam auch die Erkenntnis, dass Licht, Luft und Bewegung gesundheitsfördernd sind. So betrachtete es Erbprinz Wilhelm IX. von Hessen-Kassel auch als „gute Tat“, als er 1777 begann, eine Kur- und Badeanlage vor den Toren seiner Residenzstadt Hanau zu errichten. Bald kamen die ersten Gäste und verliebten sich sofort in das schöne „Wilhelmsbad“. Mitten in der Natur bot der Ort nicht nur Erholung, sondern auch Zerstreuung: Man erfrischte sich am „Guten Brunnen“, dem man heilende Kräfte nachsagte, speiste in großer Runde mit dem Erbprinzen an einer Tafel und spazierte durch den weitläufigen Park. Hier luden Spielgeräte, Wippen und Schaukeln zur sportlichen Ertüchtigung ein. Und oben auf dem Hügel, versteckt in einem antiken Rundtempel, wartete das größte Abenteuer – eine Fahrt im Karussell mit zwei stattlichen Holzpferden und prunkvollen Götterwagen!

Heute besitzt das Karussell mehr Pferde und Kutschen als früher. Es ist bereits seine zweite Ausstattung, aber selbst die ist schon 125 Jahre alt. Das Karussell, das man zwischen 1779 und 1780 baute, ist das älteste erhaltene seiner Art auf der ganzen Welt!

Kannst du dir vorstellen, warum sich das Karussell gegen den Uhrzeigersinn dreht? Die Antwort liegt auf oder besser gesagt in der rechten Hand – denn die brauchte der Fahrgast, um die Ziele zu treffen, die entweder am Karussell selbst befestigt oder außen herum aufgebaut waren.

Das Wilhelmsbader Karussell

Über zwölf Runden waren besonders die Reiter gefordert: Mit Pfeilen mussten sie nach einem Ring zielen oder mit einer Lanze auf einen Drachen und andere Figuren aus Holz einstechen. Ein riesiger Spaß, bei dem sich die Reiter in Geschicklichkeit übten und die anderen Mitfahrer köstlich amüsierten! Das Besondere an dem Karussell ist sein mechanischer Drehantrieb, der in Teilen bis heute erhalten ist. Die Holzkonstruktion versteckt sich für die Fahrgäste unsichtbar in dem künstlich aufgeschütteten Hügel unter dem Fahrgestell in der geräumigen „Drehstube“. Schweißtreibend war die Arbeit der „Karussellschieber“, die für die zwölf Umdrehungen pro Fahrt zu sorgen hatten. Dabei hatte ihnen der Erbauer des Karussells, der Ingenieur Franz Ludwig von Cancrin, die Arbeit schon erleichtert: Sie mussten nicht mehr wie vorher die gesamte Plattform anschieben, sondern nur noch den schmalen Ring, auf dem die Pferde und Wagen montiert waren.

Ein Spielhaus für die Prinzessin

Als Prinzessin Elisabeth sieben Jahre alt wurde, erfüllte ihr der Vater, Großherzog Ernst Ludwig von Hessen und bei Rhein, einen Wunsch, von dem wohl viele Kinder träumen: Er schenkte seiner Tochter ein Spielhaus. Kein kleines Puppenhaus, nein – ein echtes Miniatur-Haus! Damals konnte man aber nicht einfach in den nächsten Baumarkt spazieren und einen Bausatz kaufen. Der Großherzog engagierte für dieses Vorhaben einen richtigen Architekten. Seine Wahl fiel auf Joseph Maria Olbrich. Ernst Ludwig hatte den begehrten Architekten und Designer bereits ein paar Jahre zuvor aus Wien nach Darmstadt geholt. Die beiden Männer verband die Leidenschaft für modernes Leben und Bauen und damit ein großes Projekt, das auf der Mathildenhöhe seinen Platz gefunden hatte: die Ansiedlung einer Künstlerkolonie. Doch bei dem kleinen Spielhaus legte sich Olbrich besonders ins Zeug – war es doch das Herzensprojekt seines Auftraggebers für dessen einzige und innig geliebte Tochter. So baute Olbrich mit viel Fantasie ein Häuschen wie geschaffen für eine Märchenprinzessin: Es bekam ein Wohnzimmer, eine Küche, ein Dach mit einer goldenen Krone und dazu passende Möbel und Tapeten. Und nicht nur das: Alles war auf die Größe der siebenjährigen Elisabeth abgestimmt und im modernen Geschmack der Zeit eingerichtet!

Inmitten uralter Eichen und Buchen hat das „Prinzessinnenhaus" im Park von Schloss Wolfsgarten bei Langen bis heute nichts von seiner märchenhaften Ausstrahlung verloren. Vor einhundert Jahren hörte man hier das helle Lachen der Prinzessin und ihrer Freundinnen, wenn sie sich, als Feen oder Balldamen verkleidet, im Salon vergnügten oder im Garten auf Elisabeths Pony ritten – welch wunderbare Kinderwelt, zu der Erwachsene keinen Zutritt hatten. Doch leider sollte dieses Märchen nur einen Sommer währen: Der „strahlende Sonnenschein" des Hofes und Ernst Ludwigs ganzer Stolz starb völlig unerwartet im Herbst 1903 auf einer Russlandreise.

Damit Elisabeth nicht in Vergessenheit geriet, schrieben und illustrierten ihre Erzieherin und Joseph Maria Olbrich gemeinsam ein Bilderbuch über ihr Leben im Spielhaus. Und wie jedes richtige Märchen beginnt auch dieses mit drei magischen Worten: Es war einmal ...

Das Prinzessinnenhaus

Das Spielhaus der Prinzessin Elisabeth, die hier aus dem Fenster grüßt, ist nicht nur der Idee nach einzigartig: Der berühmte Jugendstil-Architekt Joseph Maria Olbrich tat alles dafür, um zu zeigen, wem dieses Häuschen gehörte. Überall entdeckst du den Anfangs-buchstaben ihres Namens wieder – das große „E" gleich über dem Eingang bekam sogar ein Krönchen aufgesetzt.

Verschollene und sagenhafte Schätze

Kunstschätze sind Reisende durch Raum und Zeit – wechseln ihre Besitzer, ihre Standorte und manchmal sogar ihr Aussehen. Wenn sich ihre Spur im Nichts verliert, gelten sie als „verschollen“. Tatsächlich ist das oft der Auftakt zu einer neuen, ganz anderen Geschichte: Denn nun öffnet diese Ungewissheit der Fantasie Tür und Tor, füllt Lücken mit Legenden, ruft Forscher wie Abenteurer auf den Plan – und plötzlich kommt dem vergessenen Kunstschatz viel mehr Aufmerksamkeit zu, als ihm je im Museum widerfahren wäre.

Zu den großen Kunstschätzen, die als verschollen gelten, zählt das berühmte „Bernsteinzimmer“. Das ist eine Wand- und Deckenvertäfelung, die der erste preußische König Friedrich I. für das Berliner Stadtschloss in Auftrag gegeben hatte. Rund zehn Jahre Arbeit und 30 000 Reichstaler kostete der schillernde Schmuck aus dem „Gold der Ostsee“. Aber was den prunkliebenden Vater begeisterte, interessierte den sparsamen Sohn wenig, und so nahm das Schicksal seinen Lauf. 1717 kam der russische Zar Peter der Große nach Berlin, warf ein Auge auf die edle Pracht, und es kam zu einem legendären Tausch: Mit großzügiger Geste schenkte der König das Bernsteinzimmer dem Zaren. Der wiederum dankte es mit einer Ladung „Langer Kerls“, so nannte man die besonders groß gewachsenen Männer, die in der königlichen Leibgarde dienten. Das Bernsteinzimmer zog nach St. Petersburg um, zuerst in den Winterpalast, später in den Sommerpalast in Zarskoje Selo. Aber 200 Jahre später schlug das Schicksal wieder zu: Bei ihrem Überfall auf die Sowjetunion entdeckten die deutschen Wehrmachtsoldaten das Bernsteinzimmer. Erst schlugen sie auf den kostbaren Schmuck ein, dann beschloss man, alles abzubauen und mitzunehmen – 22 Kisten reiche Beute!
Ab diesem Zeitpunkt in der Geschichte werden die Nachrichten immer spärlicher und verstricken sich in Widersprüchen. Vermutlich ging die Reise des Bernsteinzimmers bis ins Königsberger Schloss. Doch das brannte im August 1944 aus. Und als die russische „Trophäenbrigade“ im Mai 1945 nach Königsberg kam, fand sie keine Spur mehr von dem legendären Bernsteinzimmer – war es versteckt, verbrannt oder in der Ostsee versenkt worden? Bis heute sind ihm die Schatzsucher auf der Fährte.

Noch zu Zeiten der Sowjetunion begann man 1979 mit dem Nachbau des verlorenen Bernsteinzimmers. Im Mai 2003 wurde es feierlich eingeweiht und ist nun im alten Sommerpalast in Zarskoje Selo, auch Puschkin genannt, zu besichtigen.

Hier siehst du ein Detail aus dem rekonstruierten Bernsteinzimmer.

Wer liebt nicht die spannenden Geschichten, in denen es um Schätze geht, die unglaublich wertvoll sind, aber leider unauffindbar? Das Problem bei solch „sagenhaften" Schätzen ist, dass man nicht genau weiß, ob es sie jemals wirklich gegeben hat. Und dennoch: Egal, wie alt oder unwahrscheinlich diese Geschichten sein mögen, selbst Hunderte von Jahren später machen sich immer noch Menschen auf die Suche nach ihnen – bis heute.

So stellte sich 1905 der Bildhauer Johannes Hirt vor, wie Hagen den Schatz bei Worms in den Rhein wirft. Angeblich war der Schatz des Drachentöters Siegfried so groß, dass es für seinen Transport zwölf Handwagen brauchte, die vier Tage lang dreimal täglich hin- und herfahren mussten.

Einer der sagenumwobensten Schätze Deutschlands ist wohl der „Nibelungenschatz". Er ist Teil einer alten Geschichte um Liebe und Verrat, Macht und Gier: Das „Nibelungenlied" erzählt vom Aufstieg und Niedergang des Hauses Burgund Anfang des 5. Jahrhunderts und wurde um 1200 von einem unbekannten Dichter geschrieben. Es gibt viele Varianten der Erzählung – hier ist eine davon: Ein wagemutiger junger Mann namens Siegfried kommt an den Hof der Burgunder-Könige in Worms, um die schöne Königstochter Kriemhild zu heiraten. Als Geschenk bringt er ihr einen riesigen Schatz – den „Hort" des Königs Nibelung. Siegfried hat ihn einem Drachen, zwölf Riesen sowie dem mächtigen Zwerg Alberich und dessen Mitstreitern durch Kampf und List entrissen. Nach seinem Sieg badet der Held im Blut des Drachen und ist von da an unverwundbar. Oder fast, denn ein Lindenblatt, das sich auf seine Schulter legt, verhindert dort den Kontakt des Blutes mit der Haut. Siegfried gerät nach seiner Hochzeit in einen Streit, der ihn das Leben kostet: Hagen von Tronje, ein hinterlistiger Verbündeter der Könige von Burgund, stößt ihm eine Lanze in die ungeschützte Stelle seiner Schulter und verwundet ihn tödlich. Der Verräter stiehlt den Schatz und versenkt ihn im Rhein, auf dass dieser niemand anderem in die Hände fällt. Kriemhild ist über Siegfrieds Tod so außer sich, dass sie Hagen und all ihre Brüder, seine Mitverschwörer, umbringen lässt. Das ist das traurige Ende der Geschichte. Das Wissen um den Schatz ist mit dem Königshaus der Burgunder untergegangen. Doch bis heute suchen Menschen immer wieder im Rhein bei Worms nach dem Nibelungenschatz – beziehungsweise dort, wo einst die Siedlung Lochheim lag. Denn im Nibelungenlied steht geschrieben, Hagen habe den Schatz „ze Lôche allen in den Rîn" geworfen. Manche Schatzsucher vertreten aber auch die Theorie, dass der Schatz heute gar nicht mehr im Wasser, sondern in der Erde verborgen liegt, denn der Rhein hat seit den beschriebenen Geschehnissen seinen Lauf und sein Flussbett verändert.

Auf dem „Drachenfels" bei Königswinter soll Siegfried den Drachen bezwungen haben. Dort findest du auch die „Nibelungenhalle" mit vielen Bildern zur Geschichte, einem kleinen Reptilienzoo und … einer Drachenhöhle! Bist du mutig und traust dich hinein?

Ein Schatz reich an Wörtern

Es waren einmal zwei Brüder, die hießen Jacob und Wilhelm Grimm. Sie teilten eine Leidenschaft, die sie eng miteinander verband – sie liebten es zu sammeln. Keine Autos, Figuren oder Klebebilder, nein: Sie sammelten alles, was mit Sprache zu tun hatte. Denn sie fanden es wichtig, dass Wörter, Sagen und überlieferte Geschichten niemals vergessen werden. Als sie 20 Jahre alt waren, begannen sie mit dem Sammeln, und bald schon füllten Hunderttausende Zettel ihre Karteikästen, Ordner und Schreibtische. Die Brüder luden Bekannte und Freunde zu sich nach Hause ein und ließen sich Geschichten erzählen, die diese wiederum von ihren Großeltern kannten. Die Geschichten handelten von tapferen Kindern, bösen Stiefmüttern, Königen und Prinzessinnen, Wölfen, Zwergen, verzauberten Fröschen und goldenen Gänsen. Die Heldinnen und Helden mussten all ihren Mut zusammenraffen, um ihre Abenteuer zu bestehen. Werte wie Wahrheit, Liebe und Treue standen stets auf dem Prüfstand. In der Regel gab es aber ein glückliches Ende mit einer weisen Botschaft. Bis an ihr Lebensende sammelte sich bei den Brüdern ein reicher und einmaliger Wort- und Geschichtenschatz an.

Fünf Bände aus den ersten beiden Auflagen der „Kinder- und Hausmärchen“, die du in der Grimm-Welt in Kassel bewundern kannst, wurden 2005 in das UNESCO-Weltdokumentenerbe aufgenommen.

Jacob und Wilhelm wollten ihr gesammeltes Wissen mit den Menschen teilen. Aber wie? Zum Glück hatten die Brüder zwei grandiose Ideen: Als Erstes beschlossen sie, die gesammelten Märchen zu veröffentlichen. Ihre Märchenbücher, von denen 1812 das erste erschien, sollten Eltern zum Vorlesen und als Erziehungshilfe dienen. Die Zeichnungen dazu kamen von verschiedenen Künstlern, unter anderem von Ludwig Emil Grimm, einem ihrer jüngeren Brüder. Doch es stellte sich nicht sofort ein Erfolg ein, im Gegenteil: Viele Kritiker befanden die Märchen als unnütz, beurteilten auch die weiteren Werke der Grimms nicht gut. Doch die Brüder ließen sich nicht unterkriegen – und ihre Hartnäckigkeit wurde letztendlich belohnt.

Als Zweites schlossen die Brüder nämlich im Oktober 1838 mit den Verlegern Karl Reimer und Salomon Hirzel einen Vertrag über ein „Wörterbuch der deutschen Sprache“. Diesmal wurden sie sogar von König Friedrich Wilhelm IV. unterstützt, der ihre Arbeit persönlich bezahlte. Das Wörterbuch wurde von Sprachwissenschaftlern nach dem Tod der Brüder, die nur bis zum Buchstaben E gekommen waren, weitergeführt und im Jahr 1961 mit dem letzten Eintrag für den Buchstaben Z für „vollendet“ erklärt. 1984 kam eine günstige Taschenbuchausgabe auf den Markt, ab 1998 lief an der Universität Trier ein Projekt zur Digitalisierung des Werkes. Seit 2006 ist es sogar online verfügbar. Dieses Monumentalwerk der deutschen Sprache – mit 67 744 Textspalten, ca. 320 000 Stichwörtern und 84 Kilogramm Gewicht – hat es sogar ins Guinnessbuch der Rekorde geschafft!

Mit ihrer Arbeit wurden Jacob (1785 – 1863) und Wilhelm (1786 – 1859) Grimm zu Begründern der „Germanistik“ – der Wissenschaft der deutschen Sprache und Literatur. Ihr großes Wörterbuch enthält allerdings nicht nur „gute“ Wörter, sondern auch Schimpfwörter und Kraftausdrücke. Die Grimm'schen „Kinder- und Hausmärchen“ wurden dann doch noch ein Bestseller, in viele Sprachen übersetzt und weltberühmt. Die wunderbaren Figuren darin haben sich in unsere Welt hineingezaubert und sind nicht mehr daraus wegzudenken.

Ein Haus voller Bilderbücher

Nicht nur kleine Menschen blättern gerne in Bilderbüchern, auch große tun das: Die einen entdecken neue Welten darin, die anderen reisen in ihre Kindheit zurück. Viele Bilderbuchhelden werden zu festen Begleitern – sie trösten, bringen zum Lachen, sind Vertraute und Freunde. Die Texte erzählen uns eine Geschichte, doch die ist nur ein Teil eines großen Abenteuers. Denn erst über die Illustrationen – so nennt man die gezeichneten Bilder in Büchern – erwachen die Figuren zum Leben. Das Wort „Illustration" kommt vom lateinischen Wort „illustrare", das bedeutet auf Deutsch „erleuchten" oder „erhellen". Die Illustrationen „erleuchten" also eine Geschichte. Durch sie „tauchen" wir in das Abenteuer ein – sie machen das Geschriebene „sichtbar". Und oftmals erzählen uns die Bilder auch noch etwas mehr.
Der Troisdorfer Kaufmann Wilhelm Alsleben war einer der Menschen, die Bilderbücher und Illustrationen auch als Erwachsene von Herzen lieben und gerne um sich haben. Er hatte im Laufe seines Lebens sehr viele gesammelt und auch zu vielen der Künstler Kontakt. Als Alsleben älter wurde, machte er sich Sorgen um seine Sammlung. Was würde mit ihr passieren, wenn er starb? Seine Nichte wandte sich an den Bürgermeister, der dem Geschäftsmann daraufhin versicherte, dass er für seinen Schatz einen würdigen „Aufbewahrungsort" finden würde.

Das Troisdorfer Museum beherbergt großartige Bilderbuchschätze. Im gemütlichen Turmzimmer kannst du dich vom Alltagstrubel zum Schmökern und Träumen zurückziehen.

Im Jahr 1981 schenkte Wilhelm Alsleben seine Sammlung, die unter anderem aus über 300 Bilderbuch-Originalzeichnungen und einigen Tausend modernen Bilderbüchern bestand, der Stadt Troisdorf. Ein Jahr später wurde im ehemaligen Rathaus in der Burg Wissem das Bilderbuchmuseum eröffnet. Inzwischen stehen dort rund 40 000 Bilderbücher in den Regalen und liegen ca. 25 000 Originalillustrationen im Depot. Die Sammlungen zeigen, wie sich die Illustrationen, die Inhalte und die Länge der Texte, ja auch die Künstler selbst über die Jahre hinweg verändert haben – und spiegeln so auch wider, wie sich die Welt der Kinder und ihre Träume gewandelt haben.

Das Bilderbuchmuseum

Die Werke der Künstlerin Tom Seidmann-Freud sind ein besonderer Schatz des Museums. Die Illustratorin prägte in den 1920er Jahren die damalige Bilderbuchlandschaft entscheidend mit.

In der Präsenzbibliothek des Museums darf man in den Neuerscheinungen der letzten Jahre blättern. Im Bestand des Museums befinden sich Zeichnungen der unterschiedlichsten Künstler zu den Themen Umwelt, Traum, Tiere, Märchen, Technik und sogar Medizin. Darüber hinaus werden immer wieder wechselnde Ausstellungen gezeigt. Auch eine sehr umfangreiche Sammlung an Zeichnungen und Büchern zum Thema Rotkäppchen kann man hier besichtigen. Das Bilderbuchmuseum ist das größte Janosch-Zentrum weltweit und das einzige Museum seiner Art in ganz Europa.

Schätze des Glaubens

Lichtdurchflutete Kathedralen, funkelnde Schreine und goldene Bilder – das sind die großartigen Erfindungen des Mittelalters. Dem Glanz zum Trotz wird diese Zeit jedoch meist als finster beschrieben. Pest, Kriege und Naturkatastrophen trüben heute den Blick darauf. Dazu kommt die für uns fremde Vorstellung, dass die Menschen des Mittelalters ihr Dasein nur als Vorbereitung auf das Leben nach dem Tod verstanden. Um sich darauf einzustimmen, gab es eine Reihe „wunderbarer“ Hilfsmittel – darunter heilversprechende Reliquien im Schrein oder Bildwerke zum Einfühlen oder Nachspielen der göttlichen Wunder. Das alles sind Werkzeuge des Glaubens, die wir heute nur noch als Kunstwerke erleben, die aber ursprünglich einem frommen Zweck dienten.

Der Schrein der Heiligen Drei Könige

Die Stirnseite des Schreins der Heiligen Drei Könige ist aus purem Gold. Hinter einer Platte, die man herausnehmen kann, verbergen sich die drei Schädel. Früher hielt man mit einer silbernen Zange Bildchen, Gebetbücher und Rosenkränze an die heiligen Knochen, um an der Wunderkraft der Reliquien teilzuhaben. Geschaffen hat ihn Nikolaus von Verdun zwischen 1190 und 1230.

Im Chor des Kölner Doms steht der berühmte Schrein der Heiligen Drei Könige. Der Jubel in der Stadt war groß, als Erzbischof Rainhald von Dassel im Juli 1164 die Schädelknochen von Mailand nach Köln in den Alten Dom brachte. Warum so ein Wirbel um ein paar alte Knochen? Die Antwort liegt in der Weihnachtsgeschichte: Die Drei Könige aus dem Morgenland waren die Ersten, die im Jesuskind den göttlichen Sohn erkannten. Damit wurden sie Teil des göttlichen Wunders, und das wirkt über den Tod hinaus – in ihren Knochen! Der kostbare Schrein ist tatsächlich „nur“ die passende Verpackung für diesen heiligen Schatz.

Die Christkindwiege

Im Museum Schnütgen in Köln findest du die älteste erhaltene Christkindwiege aus der Zeit von 1340/50. Bei manchen Wiegen erklang mit dem Schwingen zusätzlich ein Glockenspiel. Das sollte an den Gesang der Engel bei der Geburt Jesu erinnern.

Warum steht eine Wiege im Museum? Zugegeben, sie ist alt und sehr kostbar – davon zeugt schon die goldene Bemalung –, aber wozu diente das zierliche Möbel? Für eine Puppenstube ist es zu groß, für ein Kinderzimmer zu klein. Tatsächlich legte man das Christkind in so eine Wiege – natürlich nur als Puppe aus Holz, Ton oder Wachs. Durch das Schaukeln sollte man sich in das Wunder der Weihnacht einfühlen. Klingt verrückt? Nein, so funktioniert jedes Rollenspiel. Damals war dieser Wiegenbrauch besonders in Nonnenklöstern beliebt.

Der Palmesel

Stell dir mal vor, der Palmesel, der heute im Museum Schnütgen in Köln steht, ist schon 500 Jahre alt!

Singend und mit Palmzweigen in den Händen, folgten Schüler und Chorsänger dem hölzernen Esel samt Reiter aus der Kirche zu einem im Freien aufgestellten Kreuz. So spielte sich Jahr für Jahr bis 1778 der Palmsonntag in der Kirche St. Columba in Köln ab. Einziger überlebender Zeuge dieses Brauchs, mit dem die Karwoche eingeläutet wurde, ist der berühmte „Palmesel“ aus dem Museum Schnütgen. Lebendiger kann man sich die biblischen Ereignisse kaum vor Augen führen!

Goldenes Wunder

Wenn man in Dortmund vom „Goldenen Wunder“ spricht, ist der Schnitzaltar von St. Petri gemeint – riesig groß, reich verziert und ein halbes Jahrtausend alt. Das Kunstwerk hat eine bewegte Geschichte: Geschaffen wurde es für die Franziskanerkirche, aber nicht etwa in einer Werkstatt vor Ort, sondern von einem Bildschnitzer im fernen Antwerpen. 1809 zog der tonnenschwere Altaraufsatz in die Kirche St. Petri um und wurde gerade noch rechtzeitig vor dem Bombenhagel 1943 im Kloster Möllenbeck versteckt. Nach Ende des Zweiten Weltkriegs kehrte der Altaraufsatz wieder zurück nach St. Petri. Ganz schön viel Hin und Her für so ein sperriges Kirchenmöbel, oder? Es hütet aber auch einen besonders kostbaren Schatz aus mittelalterlicher Zeit: Das sind die goldenen Bilder der Passion Christi mit der Kreuzigung im Inneren des Altars – dem Schrein. Heute hat man die goldene Schauseite täglich vor Augen.

Das Goldene Wunder von Dortmund

Das war früher anders: Da verschlossen gleich zwei Paar Türen die glänzende Pracht. Nur an hohen Festtagen, etwa an Ostern und Weihnachten, schob man die schweren, mit Bildern verzierten Türflügel auf, um das heilige Geheimnis zu lüften. Im flackernden Licht der Kerzen erhob sich das geschnitzte Bild der Kreuzigung Christi über die Mitte des vergoldeten Schreins hinaus – wie ein funkelndes Versprechen auf die Erlösung, die der Tod des göttlichen Sohnes bewirkte.

Antwerpen, die Stadt an der Schelde, hatte sich mit der Herstellung solch goldener Kunstwerke einen Namen gemacht. Bis nach Süd- und Nordeuropa lieferten die großen Werkstätten ihre prachtvollen Altaraufsätze. Das Dortmunder „Goldwunder“ ist der größte unter den 200 erhaltenen. Hat sich der Bildschnitzer daran eine „goldene Nase“ verdient? Meister Jan Gilliszoon Wrage bekam immerhin stolze 646 Goldgulden. Das war eine gewaltige Menge Geld. Zum Vergleich: Ein übliches Handelsschiff kostete damals in Antwerpen zwischen 30 und 150 Gulden. Aber der Bildschnitzer musste von diesem Lohn auch die Maler und Schreiner für ihre Arbeiten bezahlen. Dazu kamen die Kosten für Materialien, den Transport des Werkes und die Aufstellung in der Dortmunder Franziskanerkirche.

Auf den Punkt gebracht

Was haben Kunst und Schokolade gemeinsam? Eine Menge, wenn es um Irene und Peter Ludwig geht: Das Paar verdiente viel Geld mit der Herstellung von Schokolade und gab es am liebsten für Kunst aus. 1976 vermachten die Ludwigs der Stadt Köln eine große Sammlung moderner Werke. Darunter befand sich auch das Bild „M-Maybe" des Amerikaners Roy Lichtenstein. Es war Peter Ludwig, der das Bild 1968 auf der „documenta IV" in Kassel entdeckt hatte und nicht ruhte, bis es in seinem Besitz war. Was war es, das ihn an dem Bild so faszinierte, das es ihn nicht mehr losließ? Die Traurigkeit in den Augen der verlassenen jungen Frau? Oder die unerhört „poppige" Malweise? Auf jeden Fall reiste Herr Ludwig dem Bild bis nach New York hinterher. Dort erzielten Lichtensteins Bilder längst hohe Preise, denn nach vielen Versuchen hatte der Maler mit einer so einfachen wie genialen Idee inzwischen großen Erfolg: Lichtenstein kopierte die berühmten Figuren oder schönen Damen aus Comicstrips oder Heftromanen und setzte sie auf der Leinwand riesig wie Kinohelden in Szene: in Nahaufnahme, mit großen Gefühlen, starken Strichen und knalligen Farben. Das traf die Menschen direkt ins Herz. Noch dazu erschienen seine Bilder leicht verständlich. Denn Gefühle, Gedanken und Geräusche setzte Lichtenstein mit Sprechblasen direkt ins Bild! Das verblüffte die Kunstszene, die an großartige und abstrakte Farbflächen gewöhnt war. In Deutschland dauerte es zwar etwas länger, bis man die „Pop Art" zur „richtigen" Kunst zählte, aber das Ehepaar Ludwig begeisterte sich schon früh dafür: Ihnen verdankt das Kölner Museum Ludwig nicht nur die größte Sammlung dieser Art außerhalb der USA, sondern auch seine Gründung.

M-MAYBE HE BECAME ILL AND COULDN'T LEAVE THE STUDIO!

M-Maybe

Hier blickst du dem Künstler bei der Arbeit über die Schulter: Seit 1963 nutzte Lichtenstein häufig einen Overhead-Projektor für die Vergrößerung seiner Motive auf der Leinwand und eine Schablone für den Auftrag seiner Punkte.

Roy Lichtenstein hatte es „faustdick hinter den Ohren": Ob Mickey Mouse, Donald Duck oder schöne blonde Frauen – der Künstler vergrößerte seine Bildmotive und malte ihre Flächen mit vielen kleinen Punkten aus. Wozu dieser Aufwand? Lichtenstein wollte, dass seine Gemälde genauso aussehen wie die gedruckten Bilder in einem Comic, nur eben viel größer! Aber warum tat er das? Ist das handgemalte Bild nicht viel mehr wert als das gedruckte, da es doch einmalig ist? Genau darauf wollte Lichtenstein mit seinem künstlerischen Trick aufmerksam machen: Während sich die Wirkung von massenhaft gedruckten Bildern abnutzt, wenn man sie mehrfach täglich sieht, hat ein Gemälde bleibenden Wert und kommt sogar ins Museum.

Die Kölsche Mona Lisa

Dunkelrote Wände, gedämpftes Licht und mitten im Raum ein kleines Bild mit großer Wirkung: Die „Kölsche Mona Lisa“ ist der funkelnde Schatz des Wallraf-Richartz-Museums und trägt ihren Spitznamen nicht umsonst – Stefan Lochners „Maria im Rosenhag“ ist bildschön, beliebt und mindestens so geheimnisvoll wie die Mona Lisa. Anders als diese lässt die junge Frau hier jedoch keinen Zweifel an ihrer Identität: der blaue Mantel, der Heiligenschein und das nackte Kind weisen sie eindeutig als die Gottesmutter Maria aus. Rätselhaft an diesem Bildnis ist eher der Schauplatz. Warum sitzt Maria so kostbar gekleidet mitten im Grünen – noch dazu unter einer Laube blühender Rosen? Weil das Bild den Paradiesgarten darstellt: Engel musizieren, die Blumen duften, und Gottvater wacht über allem. An diesem Ort scheint alles in bester Ordnung. Wäre da nicht der Apfel in der Hand des Christuskindes – er verweist auf die Frucht, die Adam, der erste Mensch, aß, obwohl Gott es ihm verboten hatte. Deshalb wurde Adam aus dem Paradies verbannt und mit ihm gleich die ganze Menschheit. Erst Christus erlöste die Menschen von dieser „Erbsünde“. In dem kleinen Apfel steckt also die ganze große biblische Geschichte: der „Sündenfall“, die Erlösung und die Verheißung, ins schöne Paradies zurückzukehren.

Köln

So könnte die zweite Tafel ausgesehen haben. Vielleicht hätte sie uns auch verraten, wer der wohlhabende Auftraggeber gewesen ist.

Maria im Rosenhag

Stefan Lochners Bild steckt voller verschlüsselter Botschaften, die meisten davon beziehen sich auf Maria als „reine Jungfrau“: So zum Beispiel die weißen Rosen und die Lilien an der Laube, die Erdbeeren im Rasen und das Einhorn auf der Brosche.

Für den Blick in den Paradiesgarten ließ sich „Meister Lochner“ etwas Raffiniertes einfallen. Am oberen Bildrand ziehen zwei kleine Engel einen Vorhang auf und zeigen damit dem Betrachter: Hier wird das Allerheiligste sichtbar. Doch wer war der Eigentümer des Bildes, dem dieser gemalte Blick in das Paradies vergönnt war? Das verrät die kleine Tafel leider nicht. Dafür hat man herausgefunden, dass es sich bei ihr „nur“ um die linke Hälfte einer Doppeltafel handelt. Diese klappte man so ähnlich wie ein Buch zur stillen Andacht auf und konnte sich in die beiden Bilder vertiefen wie in eine Geschichte – genug zu entdecken gab es auf beiden Tafeln. Doch leider ist die rechte verloren gegangen.

Die Goldene Jungfrau

Alles an ihr schimmert golden: die Haut, das Kleid, das Kind im Schoß – selbst der zierliche Sitz, auf dem sie thront. Nur die Augen erstrahlen in Türkis, Dunkelblau und Weiß. Der Blick der „Goldenen Madonna“ geht unter die Haut. Ewig jung erscheint sie uns und ist doch schon über 1000 Jahre alt! Damit ist sie die älteste erhaltene Marienskulptur der Welt. Heute kann sie jeder im Essener Dom besuchen, früher war ihr Anblick nur wenigen vorbehalten: Im 10. Jahrhundert gehörte die „Goldene Madonna“ zum Schatz des Essener Frauenstifts. Das war eine fromme Gemeinschaft von Damen adliger Herkunft. Sie lebten ähnlich wie in einem Kloster, beteten gemeinsam und feierten Gottesdienst. Über lange Zeit bestimmten sie auch die Geschicke der Stadt Essen und hinterließen dem Stift einzigartige Kunstwerke: funkelnde Kreuze und wertvolle Reliquiare, einzigartige Handschriften und eben die „Goldene Madonna“. Sie war wohl das Bildwerk, das die Frauen am meisten verehrten, denn sie hielten es in der Schatzkammer ihres Stifts unter strengem Verschluss. Aber an vier besonderen Tagen im Kirchenjahr trug man den heiligen Schatz durch die Stadt. Besonders aufregend wurde es dabei am 2. Februar, „Mariä Lichtmess“: An diesem Feiertag segnete man alle Kerzen für das kommende Jahr und schmückte das Haupt der Madonna mit einer kostbaren Krone.

Das ist die älteste erhaltene Lilienkrone der Welt. Der Reif, dessen Zacken als Lilien geformt sind, ist mit Edelsteinen und Perlen besetzt und stammt aus dem 11. Jahrhundert. Heute findest du die Krone im Essener Domschatz.

Im Jahr 1959 machte der Papst die „Goldene Madonna“ zur Schutzherrin des jungen Bistums Essen und gab ihr den Namen „Mutter vom Guten Rat“. Seither steht die Figur unter einem funkelnden Mosaikhimmel in der nördlichen Seitenkapelle des Essener Domes. Dort nimmt sie sich Tag für Tag der Sorgen und Nöte der Menschen an, die dort innehalten. Dafür mutet man ihr heutzutage keine Umzüge und Krönungen mehr zu.

Ist die „Goldene Madonna“ tatsächlich durch und durch aus massivem Gold? Nein, unter ihrer goldenen Haut schlägt ein kräftiges Herz: Das ist ein Kern aus Pappelholz, den man mit hauchdünnen Blechen aus reinstem Gold beschlagen hat. Es sind aber nicht nur die Goldbleche, die die 74 Zentimeter große Figur so magisch wirken lassen, sondern ebenso ihre strahlend blauen Augen aus kostbaren Emails.

Die Goldene Madonna

Das goldene Nichts

Im Essener Museum Folkwang, das berühmt ist für seine Sammlung moderner Kunst, fällt ein Bild aus der Reihe: Es zeigt eine goldene Fläche, Quadrate aus hauchdünnem Blattgold, und sonst ... nichts! Das aber gerade dieses Nichts alles bedeuten kann, für diese Idee brannte der französische Maler Yves Klein. Er überraschte sein Publikum gern mit den verrücktesten Einfällen. Als er 1960 das Essener Gemälde gestaltete, ging es in der Malerei schon eine Weile hoch her: Längst stellten die Maler die Welt nicht mehr so dar, wie sie sie vor Augen hatten, sondern sie gaben ihrer „inneren Welt“ Gestalt, und das mit starken Pinselstrichen und abstrakten Formen. Aber was sollte als Nächstes kommen? Yves Klein hatte darauf eine Antwort. Er malte „Monochrome“ – so nannte er seine einfarbigen Bilder in Blau, Rosa oder Gold – und dachte sich: Wenn weder Menschen, Landschaften noch Pinselstriche eine Geschichte erzählen, dann tut es eben die Farbe selbst. So setzte er sie allein in Szene: als glatte Fläche, pudriges Pigment oder flattriges Blattkleid in Gold. Auf diese Weise ließ er das Gold seine eigene magische Geschichte erzählen und die geht weit über die materielle Kostbarkeit hinaus, sie erzählt von göttlicher Weisheit und menschlicher Sehnsucht nach Vollkommenheit. Für Yves Klein war das Monochrom wie ein Fenster in die endlose Weite des Universums – ins Alles und ins Nichts.

Monogold 28

Eigentlich ist Yves Klein für seine blauen Monochrome berühmt. Denn mit der Farbe Blau hatte bei ihm alles angefangen – sie war und blieb sein Ein und Alles! Typisch für den unermüdlich experimentierenden Maler: Weil ihm das gewöhnliche Blau aus der Tube nicht genügend leuchtete, erfand er sein eigenes Blau: das IKB oder auch „International Klein Blue“.

Auf die Frage, was er mit seinen „Monochromen“ eigentlich im Sinn habe, antwortete Yves Klein gern mit einem persischen Gleichnis: Eines Tages habe ein Flötenspieler damit begonnen, nur noch einen einzigen langen Ton zu spielen. Nach 20 Jahren habe ihm seine Frau schließlich vorgeschlagen, dass er doch wie alle anderen Flötenspieler eine Melodie mit mehreren Tönen spielen könne. Da habe ihr der Mann geantwortet, dass er den Ton gefunden habe, nach dem alle anderen noch suchten. Mit den einfarbigen Bildtafeln hatte Yves Klein „seinen Ton“ gefunden, und der klingt bis heute nach.

Zwischen 1959 und 1961 gestaltete der Künstler rund 40 „Monogolde“. Das Aufbringen der hauchdünnen Goldblätter auf die Oberfläche will gelernt sein, denn schon der kleinste Luftzug wirbelt die Blättchen davon. Deshalb wird das kostbare Bild im Museum auch von einer Plexiglasscheibe geschützt. Tatsächlich hatte Yves Klein das Vergolden in einer Rahmenmacherwerkstatt in London erlernt. Die Arbeit war für ihn damals zwar nur ein Aushilfsjob, aber möglicherweise entdeckte er hierbei seine Begeisterung für die Farbe.

Ein rätselhafter Hut

Im April 1835 machte ein Bauerngehilfe bei der Arbeit auf einem Feld bei Schifferstadt einen erstaunlichen Fund: Er stieß auf einen gut 30 Zentimeter hohen, kegelförmigen Gegenstand aus purem Gold, der sich kaum einen Meter unter der Erde befand. Der goldene Kegel stand auf einer Tonplatte, die wohl mit Erde oder Asche gefüllt gewesen war und bei der Ausgrabung vollständig zerbröselte. Die Platte und der fremdartige Gegenstand waren eindeutig mit Absicht dort deponiert worden, in einer speziell dafür in die Erde gehauenen rechteckigen Grube. Lange Zeit wurde vermutet, dass das goldene Kunstwerk eine Vase, ein Opfergefäß oder sogar der Teil einer Rüstung gewesen sei. Aber inzwischen hat man Gewissheit: Es ist ein Hut! Doch zu welchem Zweck hatte man diese prunkvolle Kopfbedeckung getragen? Den Kunstschatz schmücken Bänder, Kreise, buckelige Punkte und ähnlich geformte augenförmige Ovale. Doch was bedeuten diese vielen Zeichen? Die Wissenschaftler vermuten dahinter eine Art Kalender, der sich an der damals bekannten Sternenkunde, dem Verlauf der Sonne und den Mondphasen orientierte – vergleichbar mit der Himmelsscheibe von Nebra. Noch konnten die rätselhaften Zeichen nicht entschlüsselt werden, aber die Wissenschaftler geben nicht auf!

Speyer

Das Original dieses prachtvollen Kunstschatzes kannst du im Museum in Speyer bewundern. Im Museum und im Rathausfoyer von Schifferstadt sind Kopien ausgestellt.

Der Goldhut von Schifferstadt

Der Träger des Hutes mag ein Priester gewesen sein, aber auch ein mächtiger Anführer, der religiöse Zeremonien durchführte. Ob die Wissenschaftler jemals herausfinden werden, was genau das für eine Religion war, der er angehörte?

Anhand dreier Beilklingen, mit denen der Hut von Schifferstadt vergraben worden war, konnten die Archäologen eine genauere Datierung vornehmen: Er wurde wohl zwischen dem 14. und 13. Jahrhundert v. Chr. gefertigt. Die prächtige Kopfbedeckung besaß ursprünglich einen Kinnriemen und war vielleicht sogar innen gefüttert gewesen. Und: Der Goldschmied hatte sie aus einem einzigen Stück Gold hergestellt! Er musste dabei mit großem Geschick vorgegangen sein, denn die „Wände" des Hutes sind maximal 0,25 Millimeter dick, die Krempe sogar nur 0,13 Millimeter oder noch dünner. Den Forschungen der Wissenschaftler nach wurde der Hut aus einem „Gold-Würfel" mit 2,5 Zentimeter langen Seiten gearbeitet, den man dafür so dünn wie ein Blatt Papier ausrollte. Zur Vermeidung von Rissen musste der Goldschmied das Metall wahrscheinlich immer wieder erhitzen, damit es geschmeidig blieb. Eine außergewöhnliche handwerkliche Leistung! Zum Glück für die Wissenschaft gab es später noch drei weitere Funde von Kopfbedeckungen dieser Art: den Berliner Goldhut ohne genauen Fundort sowie die Goldhüte aus Ezelsdorf-Buch und dem französischen Avanton. Die Entdeckung einer kegelhutförmigen Abbildung auf einer Steinplatte in einem Grab in Südschweden führte schließlich zu einer aufregenden Schlussfolgerung: Zwischen dem 18. und 14. Jahrhundert v. Chr. musste in einem sehr großen Gebiet, in das auch Schifferstadt fällt, eine Religion ausgeübt worden sein, von der man erst jetzt nach und nach Kenntnis erlangt.

Ein schwerer römischer Schatz

Die Tunika ist von Schweiß durchtränkt und klebt ihm am Körper. Ein Schmerz durchzuckt seinen Fuß, als die Sandale am Eisen des Spatens abrutscht. Aber er darf nicht aufgeben! Der Feind rückt immer näher, und es ist seine Aufgabe, den Schatz in Sicherheit zu bringen. Der Mann hält kurz inne und starrt auf den störrischen Lehmboden des Kellers. Hätte er die vielen Münzen lieber woanders verstecken sollen? Entschlossen strafft er die Schultern und arbeitet weiter. Hier würde bestimmt niemand nach dem Geld suchen. Und so würde der Schatz wenigstens nicht in feindliche Hände fallen ... Trier im Jahr 1993: Der Schatz blieb in seinem Versteck, bis er bei Bauarbeiten für ein Krankenhaus über den Ruinen des römischen Mehrfamilienhauses entdeckt wurde. Ein Lastwagen brachte die abgetragene Erde von der Baustelle zum Kockelsberg. Hobby-Archäologen durchsuchten den Aushub und stießen auf die ersten Goldmünzen. Einer von ihnen fand auf der Baustelle den beschädigten Bronzekessel sowie das restliche Geld. Der Schatz – bestehend aus etwa 2 650 Münzen und 18,5 Kilogramm schwer – ging in die Geschichte ein als der bislang größte Goldfund aus der römischen Kaiserzeit weltweit!

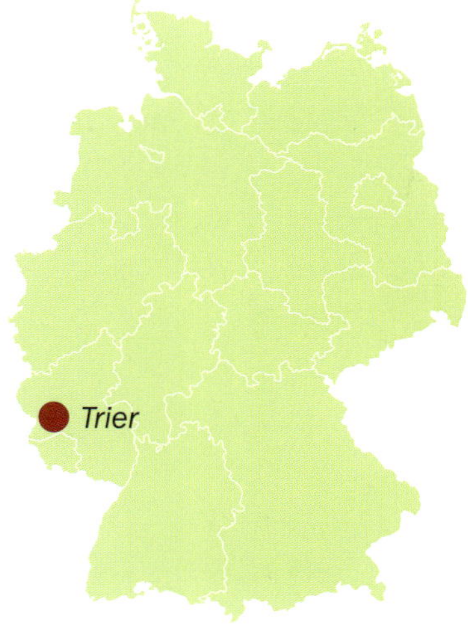

Der Goldmünzenschatz von Trier

Die Münzen waren, in mehrere Lederbeutel verpackt, in den bronzenen Kessel gelegt und anschließend vergraben worden. Leider gerät solch ein Schatz immer wieder in Gefahr: 2019 brachen Männer in das Museum ein und versuchten, ihn zu stehlen. Glücklicherweise gelang es ihnen nicht. Großen Schaden richteten sie trotzdem an.

Das private Wohnhaus, in dem die Münzen gefunden wurden, befand sich in der Nähe der Tempelanlage. Vielleicht stammt der Schatz von dort. Die Goldmünzen sind heute im Rheinischen Landesmuseum in Trier zu sehen.

Doch was waren das für Feinde gewesen, vor denen der Goldschatz verborgen werden musste? Den Datierungen der Münzen nach wurde er wohl im Jahr 196 n. Chr. vergraben. Zu dieser Zeit herrschte ein Bürgerkrieg im Römischen Reich. Der von Rom aus regierende Kaiser Lucius Septimius Severus hatte den Statthalter Britanniens, Clodius Albinus, zum Staatsfeind erklärt, da dieser sich im Jahr 195 ebenfalls zum Kaiser hatte ausrufen lassen. Der neue zweite Kaiser hatte von Britannien nach Gallien übergesetzt und auf seinem Weg Richtung Rhein die reiche Stadt Augusta Treverorum, wie Trier damals hieß, belagert. Ob es der Besitzer oder nur ein Verwalter des Goldmünzenschatzes war, der ihn versteckte, wird man wohl nie herausfinden. Aber derjenige hat der Nachwelt einen großen Dienst erwiesen – durch ihn erhielt die Wissenschaft spannende Einblicke in die römische Geschichte. Die Münzen stammen aus mehreren Jahrhunderten und zeigen Porträts zahlreicher Kaiser und Kaiserinnen. Einige Prägungen waren zu dem Zeitpunkt des Fundes noch völlig unbekannt und damit eine äußerst bedeutsame Entdeckung.

Die keltische Fürstin

In den 1950er-Jahren erhob sich im saarländischen Gersheim-Reinheim ein Teil der Landschaft in Form eines flachen Hügels, der im Volksmund „Katzenbuckel" genannt wurde. Bei dem Abbau von Sand und Kies an dieser Stelle machte einer der Arbeiter im Jahr 1954 eine überraschende Entdeckung: vermutlich ein Grab aus längst vergangenen Zeiten. Archäologen aus Saarbrücken reisten an, begutachteten den Fund und begannen mit den Ausgrabungen. Es sollte eine Sensation werden – die ewige Ruhestätte einer sehr reichen Person keltischen Ursprungs! Die erhaltenen Beigaben bestanden aus kostbarem Schmuck, einem Bronzespiegel und zwei Bronzeschalen, die vermutlich einst Holzdeckel besaßen. Des Weiteren entdeckten die Wissenschaftler goldene Beschläge, die zu Trinkhörnern passen könnten, Reste eines Eisenmessers und zahlreiche kleine Stücke, die wohl mal ein wertvolles Gefäß gebildet hatten. Vor allem Schmuck und Spiegel wiesen darauf hin, dass die verstorbene Person eine Frau gewesen sein musste. Der keltische Stamm der Mediomatriker hatte um 400 v. Chr. den Bliesgau, eine Region im Flussgebiet der Blies, besiedelt. Im Südosten, rund um das heutige Gersheim-Reinheim, lebten anscheinend sehr wohlhabende Kelten mit viel Landbesitz und der Kontrolle über einen wichtigen Handelsweg.

Gersheim-Reinheim

Das Grab der Keltenfürstin

Man fand weder einen Namen noch Hinweise darauf, in welchem Alter und warum sie starb. Dennoch gewährt die keltische Fürstin dir, wenn du ihr nachgebautes Grab unter dem Hügel besuchst, einen eindrucksvollen Blick in ihr Leben und in ihre Zeit.

Die Frau im Grab könnte aufgrund der kostbaren Beigaben eine Person mit großem Einfluss gewesen sein. Vielleicht war sie sogar eine Fürstin ihres Stammes? Vermutlich hatte das Grab ehemals aus einer 3,5 Meter langen und drei Meter breiten Holzkammer bestanden, ähnlich der des keltischen Fürsten von Hochdorf. Vom Körper fanden die Archäologen keinerlei Überreste, nicht einmal einen Abdruck in der Erde. Doch die Lage des Schmuckes, den man der Toten umgelegt hatte, verriet, wie sie gebettet worden war: in Nord-Süd-Lage und auf dem Rücken liegend. Zum Erstaunen der Wissenschaftler hatte sich ein Stück blaues Leinentuch erhalten, vermutlich der Rest einer Tischdecke. Bei vielen alten Völkern und auch bei den Kelten gehörte es zum Bestattungsritual dazu, den Toten etliches mitzugeben: Schmuck, Kleidung und alles an Ausstattung für üppige gemeinsame Mahlzeiten. Die Kanne, die man im Grab der Fürstin fand, war in viele kleine Stücke zerfallen. Die Archäologen setzten sie in mühevollen Stunden wieder zusammen. Die Arbeit zahlte sich aus: Sie entdeckten, dass das Gefäß von einem heimischen Handwerker gearbeitet sein musste – sehr filigran und gekonnt mit Linien und Fantasiewesen verziert. Es hatte sich also in diesem Gebiet des Saarlandes schon zu Lebzeiten der Toten eine hohe Handwerkskunst herausgebildet. So gehört das Grab der keltischen Fürstin auch aus diesem Grund zu den bedeutendsten seiner Art in Mitteleuropa und ist inzwischen ein wichtiger Teil des dortigen grenzübergreifenden Europäischen Kulturparks.

Der goldene Halsreif zeigt an, wo sich der Kopf befunden haben muss. Die Arme waren, worauf die Position der Reife und der Ringe verweisen, über dem Unterleib gekreuzt.

Die Ruhestätte eines reichen Mannes

In Hochdorf nahe Ludwigsburg wunderte sich im Jahr 1968 ein Landwirt über sehr große, merkwürdige Steine, die sein Pflug auf einem seiner Felder regelmäßig ans Tageslicht beförderte. Er informierte eine ehrenamtliche Mitarbeiterin des Landesdenkmalamtes, die die Fundstücke begutachtete und schließlich die Archäologen anrücken ließ. Man vermutete: Die Steine könnten zu einem sehr alten Hügelgrab gehören, das im Laufe der Zeit durch Wind und Regen sowie die Feldarbeit abgetragen worden war. Kelten und Germanen hatten hier einst solche Ruhestätten errichtet. 1978/79 begann man mit den Ausgrabungen, und tatsächlich stieß man wenig später auf ein Grab: Es war eine Grube mit einer äußeren und einer inneren Kammer aus dicken Holzbalken. Darauf waren ursprünglich etwa 50 Tonnen Steine und über diese wiederum eine Menge Erde zu einem hohen Hügel aufgehäuft gewesen. Die weiteren Entdeckungen lieferten spektakuläre Schlagzeilen: Die Ruhestätte war keinen Grabräubern zum Opfer gefallen, sondern unberührt und mit kostbaren Gegenständen gefüllt! Die Grabbeigaben rund um das Skelett erzählten den Wissenschaftlern, dass hier vor 2 500 Jahren ein bedeutender Kelte begraben worden sein musste.

Hochdorf/Enz

Das Grab des Kelten

Man hatte den Mann auf eine mit Fellen gepolsterte Liege, Kline genannt, gebettet. Spuren von biologischem Material erzählen, dass der Leichnam mit Blumen bedeckt worden war. Die Wissenschaftler fanden heraus, dass alle Grabbeigaben und auch der Verstorbene mit Stoffen verhüllt worden waren. Über das Warum wird noch immer gerätselt.

Die innere Grabkammer wurde auf der Basis der wissenschaftlichen Untersuchungsergebnisse nachgebaut. Du kannst sie im Keltenmuseum in Hochdorf/Enz besichtigen. Und ganz in der Nähe erhebt sich wieder das Hügelgrab in seiner alten Größe: sechs Meter hoch und 60 Meter breit!

Gürtel, Schuhe und Dolch des Mannes waren mit Gold verziert, und er trug goldene Reifen um einen Arm und den Hals. Von der Kleidung fand man Reste, die auf wertvolle Stoffe und seltene Farben hindeuteten. Wichtig war zu Lebzeiten des Kelten offenbar, dass er auch im Jenseits eine gute Zeit mit seinen Gefolgsleuten verbringen konnte: Teller, Schüsseln, Trinkhörner und einen großen goldenen Kessel, in dem man Spuren von Honigwein fand, hatte man ihm mitgegeben. Aber welche Position hatte der Mann unter seinen Mitmenschen innegehabt? War er ein weltlicher Fürst oder ein Priesterkönig gewesen? Diese Frage wird wohl unbeantwortet bleiben, denn die Kelten hinterließen ihrer Nachwelt – anders als die Ägypter, Griechen oder Römer – keine schriftlichen Zeugnisse. Das Skelett des Unbekannten wurde mit modernsten Methoden untersucht. Hatte er an Krankheiten gelitten? Bis auf Zahnstein und altersbedingt entzündete Gelenke deutete nichts daraufhin. Der 1,80 Meter große Anführer war allem Anschein nach eines natürlichen Todes gestorben. 50 Jahre war er alt geworden und lag damit weit über dem Altersdurchschnitt seiner Zeitgenossen. Die Grabbeigaben und das Skelett werden in regelmäßigen Abständen immer wieder untersucht, da sich Wissenschaft und Technik stetig weiterentwickeln. Wer weiß, welche Geheimnisse der große Kelte in Zukunft noch preisgeben wird!

Kunstschätze hüten und pflegen

Der geschäftige Franckeplatz in Halle verdankt seinen Namen einem berühmten Mann: August Hermann Francke. Der Pfarrer gründete genau hier vor gut 320 Jahren eine Schule für Arme. Daraus entwickelte sich nach und nach eine ummauerte Schulstadt. Heute steht das Gelände allen offen und ist wieder ein Ort der Bildung! Wir freuen uns auf das Gespräch mit Prof. Dr. Thomas Müller-Bahlke.

Hier bekommst du einen Eindruck von der alten Schulstadt. Im Hintergrund steht das Denkmal ihres Gründers August Hermann Francke.

? Hallo, Thomas! Was ist dein Beruf?

Ich bin Direktor der Franckeschen Stiftungen in Halle und bemühe mich darum, die Stiftung im Sinne von Franckes Idee der „Bildung für alle“ weiterzuentwickeln – natürlich zusammen mit allen Einrichtungen vor Ort.

Wie genau bist du zum Direktor der Franckeschen Stiftungen geworden?

Ich kam im Herbst 1989 als Doktorand der Geschichte nach Halle, um im Franckeschen Archiv nach alten Schriftstücken zu suchen. Die Einrichtung war zwar 1946 aufgelöst worden, aber in den zerfallenen Gebäuden hütete der Archivar immer noch treu die alten Schätze, allerdings unter den armseligsten Bedingungen. Für drei Wochen hatte ich meinen Aufenthalt geplant, mehr als 30 Jahre sind daraus geworden, denn ich geriet mitten in den Strudel der Ereignisse um den Mauersturz und den Zerfall der DDR. In Halle führte das dazu, dass man sich zum Wiederaufbau der Schulstadt entschloss, an dem ich mitwirken durfte. Nach einer rasant kurzen Ausbildung zum Archivar bekam ich ein großes Schlüsselbund in die Hand gedrückt, und dann ging es los: Tagsüber arbeitete ich als Archivar, nach Dienstschluss verwandelte ich mich in einen Schatzsucher! Ich streifte durch die verfallenen Gemäuer, durchstöberte dämmrige Dachkammern, öffnete verstaubte Schränke und rostige Truhen. Es war eine unglaublich arbeitsreiche, aber auch abenteuerliche Zeit und ein langer Weg, bis ich 2003 zum Direktor der Stiftungen gewählt wurde. Seither tue ich mein Bestes, um den Laden voranzubringen.

Du hast in dieser Zeit einen ganz besonderen Schatz gehoben, die Franckesche Kunst- und Naturalienkammer. Wie kam es dazu?

Es war bekannt, dass Francke eine große Sammlung von Dingen aus aller Welt angelegt hatte. Aber man glaubte, dass sie verloren sei. Tatsächlich spürte ich bei meinen Streifzügen durch die Gebäude viele der alten Objekte wieder auf, anderes kam aus den umliegenden Museen, und ich stellte fest, dass auch die alten Vitrinen erhalten geblieben waren. So kam mir die Idee, Franckes Sammlung am alten Ort wiedereinzurichten – im Dach des Waisenhauses. Natürlich musste erst mal kräftig restauriert werden, aber heute ist die Kunstkammer ein Juwel der Stiftung: Mit dämmriger Beleuchtung und ohne Beschilderung kommt sie ihrem Originalzustand sicher sehr nahe! Dazu trägt auch das wunderbare Krokodil bei, das wieder von der Decke hängt.

Die Franckeschen Stiftungen sind viel mehr als ein Museum. Was ist das Besondere daran?

Für mich ist es das Fortleben von Franckes alter Idee. Er holte die Kinder von der Straße, um ihnen durch Bildung ein selbstbestimmtes, besseres Leben zu ermöglichen. Ein uraltes, aber hochaktuelles Anliegen, das wir auch heute wieder verfolgen. Denn die Stiftungen sind eben nicht nur ein „Schularchitekturmuseum“, sondern sie vermitteln Bildung für alle. Wir bewahren und vermitteln Franckes Erbe in seiner Kunst- und Wunderkammer, im Archiv und in der Kulissenbibliothek, aber wir leben auch mit seinen Idealen in diesen alten Mauern. Inzwischen sind es 40 verschiedene Einrichtungen verteilt auf 50 Gebäude, die hier im Sinne Franckes wirken: vier Schulen, drei Kitas, darunter ein Montessori Kinderhaus, zwei Fachbereiche der Universität und vieles mehr.

Hier zeigt uns Prof. Dr. Müller-Bahlke, wie groß „seine“ Schulstadt ist.

Wir warten am Hintereingang des Dresdener Albertinums. Nach der großen Flut 2002, bei der das Wasser bis in die unterirdischen Gemäldedepots der Stadt lief, beschloss man, die Kunstschätze und Werkstätten absolut hochwassersicher unterzubringen. Dafür errichtete man einen Neubau im Albertinum: Der „schwebt“ wie eine Arche über dem Innenhof des Gebäudes. Und genau diese „Kunstarche“ ist nun unser Ziel – hier empfängt uns der Restaurator Dr. Christoph Schölzel.

 Hallo, Christoph, was ist dein Beruf?

Ich bin an den Staatlichen Kunstsammlungen Dresdens als Gemälderestaurator tätig. Zusammen mit unserem Team kümmere ich mich um das Wohlergehen der Bilder aus der Gemäldegalerie „Alte Meister“ und der Galerie „Neue Meister“.

 Wie kamst du darauf, Restaurator zu werden?

Ich hatte tatsächlich so eine Art Schlüsselerlebnis: In den 1980er-Jahren – zu der Zeit befand sich die berühmte Semperoper noch im Wiederaufbau – nahm mich der damalige Chefrestaurator mit auf die riesige Baustelle. Er führte mich einen halben Tag überall herum. Dabei beobachtete ich die Restauratorinnen und Restauratoren bei ihrer Arbeit. Und mir wurde plötzlich klar, dass ich das auch machen wollte. So fing alles an.

 Wie wird man Restaurator?

Erst mal musste ich die künstlerische Aufnahmeprüfung an der Hochschule für Bildende Künste hier in Dresden bestehen. Das war nicht ohne! Aber ich schaffte es und studierte das Fach „Restaurierung“. Wir studierten sehr vielseitig, lernten Druck- und Maltechniken kennen, übten uns im Aktzeichnen, der Stilleben- und Landschaftsmalerei. Außerdem erfuhren wir einiges über Kunstgeschichte und verbrachten viel Zeit mit naturwissenschaftlichen Untersuchungen im Labor. Am wichtigsten waren natürlich die restauratorischen Fächer, die uns zeigten, wie man ein Bild reinigt, retuschiert und konserviert. Ein Gemälderestaurator versteht unter Bildreinigung nämlich nicht nur die einfache Schmutzentfernung, sondern auch die Abnahme der alten, meist vergilbten oder verbräunten Firnisschichten sowie das Auftragen einer neuen solchen Schutzschicht.

 Wie sieht deine tägliche Arbeit aus?

Meine Aufgaben sind eigentlich zweierlei: Einerseits arbeite ich direkt an einem Gemälde, andererseits bin ich mit den Sonderausstellungen und dem Leihverkehr beschäftigt. Jede Woche trudeln neue Anfragen anderer Museen ein, ob sie dieses oder jenes Bild ausleihen dürfen. Einige Bilder werden zwar nie ausgeliehen, wie etwa die empfindlichen Pastelle, zu denen Liotards berühmtes „Schokoladenmädchen“ zählt, oder gar Raffaels „Sixtinische Madonna“. Aber andere Bilder gehen auch mehrfach in ihrem Leben auf Reisen. Vorab prüfen wir natürlich, ob ihr Zustand die Ausleihe erlaubt. Oft bessern wir dann noch kleinere Stellen aus, putzen Scheiben, fertigen erst noch eine Verglasung an oder restaurieren einen Rahmen. Aber dann geht es in der Klimakiste und im Frachtraum eines Flugzeugs schon mal bis nach Russland oder Japan auf Tournee. Und oft begleiten wir unsere Bilder bei ihren Auslandsreisen, um sie vor Ort zu betreuen.

 Welche Frage würdest du den alten Meistern gerne stellen?

Zu gern würde ich von ihnen wissen, wie sie ihre Bilder gemalt haben – also so ganz genau, meine ich. Von der Auswahl des Holzes oder der Leinwand, über die Grundierung, die Malschichten bis hin zum Firnis. Denn trotz modernster Technik hüten die Bilder noch viele Geheimnisse wie einen kostbaren Schatz.

 Was schätzt du besonders an deiner Arbeit?

Zum Glück sind es viele Dinge, die mir an meiner Arbeit gefallen. Jedes Bild fordert eine neue Herangehensweise und bringt so auch neue Erkenntnisse mit sich. Da wird es nie langweilig! Grundsätzlich begeistert es mich, dass Bilder – mehr noch als Schriftstücke – richtige Fenster in die Vergangenheit sind. Sie verraten, wie die Menschen früher wohnten und sich kleideten, woran sie glaubten, was sie dachten. Da gibt es immer neue Dinge zu entdecken.

Hier siehst du den Dresdener Gemälderestaurator Dr. Christoph Schölzel bei der Arbeit an Vermeers „Brieflesendem Mädchen am offenen Fenster“. Mit dem Skalpell trug er in endlosen Stunden unter dem Mikroskop Quadratzentimeter für Quadratzentimeter die Übermalung des Amors ab.

Das Mammut, die Kunst und zwei Flöten

Der Mann lauscht den Klängen, die der zierlichen Flöte entlockt werden. Seine schmerzenden Arme und Beine entspannen sich, und mit regelmäßigen Bewegungen bearbeitet er das Stück Mammutstoßzahn in seinen Händen. Langsam formt sich das Tier heraus, das sie gestern erlegt haben. Eine Mammutjagd ist anstrengend und sehr gefährlich, bringt aber eine Menge Nahrung ein und gutes Fell für die Kleidung. So wird das harte Leben für einige Zeit etwas leichter. Und das kleine geschnitzte Mammut aus Elfenbein bringt ihnen hoffentlich Glück für die nächste Jagd. Das nächste Mal würden sie sich aber wieder auf die Suche nach den leichter zu erbeutenden Pferden machen.
Der „erste moderne Mensch", der Homo sapiens sapiens, traf auf seiner Wanderschaft vor etwa 40 000 Jahren auch im Gebiet der Schwäbischen Alb ein. Hier sammelte und jagte er, hier schuf er sogar Kunst – und erklomm damit die erste Kulturstufe in der Menschheitsgeschichte. Mittels Malerei an Höhlenwänden und Bildhauerei bildeten unsere Vorfahren Tiere und Menschen ab. Die aus Mammut-Elfenbein, Stein, Ton, Geweih oder Tierknochen angefertigten Gegenstände sind in der Regel eher klein. Sie wurden wohl in Lederbeuteln an einem Band um den Hals getragen oder an bestimmten Stellen in den Höhlen aufbewahrt.

Niederstotzingen

Die Schwäbische Alb besitzt eine außergewöhnliche Dichte an Funden der „Eiszeitkunst". Auch nach der Entdeckung der Grotte Chauvet in Frankreich bleiben die Elfenbeinfiguren, die auf der Schwäbischen Alb gefunden wurden, die ältesten bekannten und genau datierten Darstellungen von Mensch und Tier überhaupt. Im Geißenklösterle bei Blaubeuren gruben die Archäologen zu ihrem Erstaunen auch Teile einer Flöte aus, die aus einem Schwanenknochen geschnitzt worden war. Eindeutig von menschlicher Hand wurden Löcher gebohrt und Kerben hineingeritzt. Nur das Mundstück fehlt leider. Ein weiterer Flötenfund ist aus Mammut-Elfenbein gefertigt und beweist, dass die erste Flöte kein Einzelstück war: Auch die Menschen damals machten schon Musik! Beide Instrumente sind um die 37 000 Jahre alt – damit ist die Flöte das älteste Instrument der Menschheitsgeschichte! Im Museum des Archäoparks Niederstotzingen, der UNESCO-Welterbe ist, sind viele der besonderen Schätze unserer frühen Vorfahren ausgestellt, und man erfährt, wie das Leben während der großen Eiszeit ausgesehen hat.

Gefunden in der Vogelherdhöhle: das berühmte kleine Wildpferd, Symbol des Museums im Tübinger Schloss, und das kleine Mammut, das Wahrzeichen der Archäoparks Niederstotzingen.

Das Mammut und das Wildpferd

Mit ihrer Kunst beschworen die Eiszeit-Menschen vermutlich ihre Götter, damit sie ihnen Glück, Gesundheit und einen vollen Magen im harten Winter bescherten. Die Musik bereitete ihnen – so wie uns heute – Vergnügen und gute Laune.

Zauberhafte Welt der Schatten

Lotte Reiniger hatte eine besondere Begabung: Sobald sie zu Schere und Papier griff, erwuchsen daraus schwarze Figuren mit scharfen Umrissen – Tiere, Blumen und Fabelwesen. Aus diesen „Silhouetten“ entwickelte sie ein erstes kleines Schattentheater, mit dem sie in der Schule auftrat. Lotte liebte Theater und Märchen, und so verwundert es nicht, dass auch die neu entstehende Filmkunst ihr Herz im Sturm eroberte. Zunächst zog es die junge Berlinerin ans „Deutsche Theater“. Darüber bekam sie Kontakt zu einer Gruppe junger Künstler, die mit „bewegten Bildern“ experimentierten. Lotte entwickelte ihre eigene Technik mit den Silhouetten weiter, und so entstand 1919 ihr erster Kurzfilm „Das Ornament des verliebten Herzens“. Verliebt hatte sich Lotte dabei tatsächlich, und zwar in den Techniker Carl Koch. Zwei Jahre später heiratete das Paar, und fortan ging bei Lotte und Carl alles Hand in Hand – das Leben, die Filmkunst und das Glück. Ein Bankier begeisterte sich so für die Kunst des Films, dass er Lotte ein Studio einrichtete. Hier gestaltete sie ihren ersten abendfüllenden Trickfilm. Das hieß, pro Sekunde mussten 24 Einzelbilder abfotografiert werden! Das war ein hartes Stück Arbeit für Lotte und ihr Team – trotz flotter Hände und jeder Menge Tricks. Drei Jahre später, 1926, war es endlich so weit: „Die Abenteuer des Prinzen Achmed“ flimmerten erstmals über die Leinwand: 66 Minuten und rund 100 000 Einzelaufnahmen!

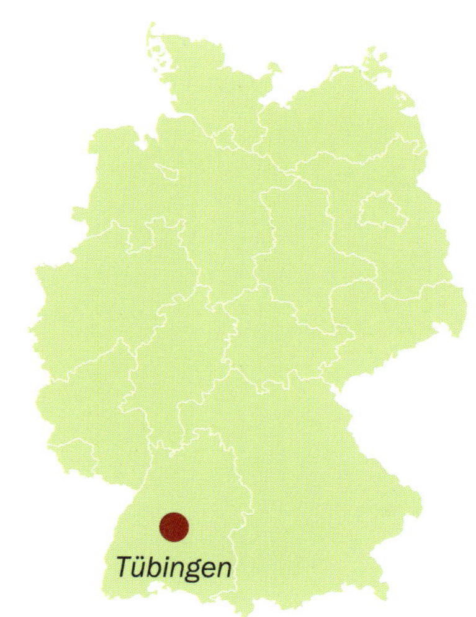

Hier siehst du Lotte Reiniger bei der Arbeit am Aufnahmetisch. Der Ausdruck „Trickfilm“ kommt daher, dass das menschliche Auge „ausgetrickst“ wird: Sieht es mehr als 16 Bilder in der Sekunde, gewinnt es den Eindruck, dass sich das Bild bewegt, obwohl es sich eigentlich nur um eine Serie von Standbildern handelt.

Lotte Reiniger war eine Trickfilmkünstlerin der allerersten Stunde. Im Tübinger Stadtmuseum, das einen Großteil ihres Nachlasses hütet, kann man tief in Lottes „Welt aus Licht und Schatten“ eintauchen. Hier tanzen die altbekannten Helden aus Grimms Märchen und Mozarts Opern über die Wände und meistern ihre tollkühnen Abenteuer mit unverwechselbarem Charme. Außerdem erfährt man, wie ein Trickfilm entsteht und was man dazu braucht: eine Schere, schwarze Pappe, Pauspapier, etwas Draht, etwas Blei, eine Kamera, fünf Glühbirnen, eine Glasplatte, Holz für den Aufnahmetisch, aber vor allem ... Geduld! Wer die nicht habe, solle es lieber bleiben lassen – so der Rat der Künstlerin.

Die Trickfilmapparatur der Lotte Reiniger

Das Ballett der Zukunft

Stuttgart

Schon mit 17 Jahren verkündete Oskar seinem Schulfreund selbstbewusst: „Meine Geliebte ist die Kunst!" Er sollte recht behalten: Ob Malerei, Bildhauerei oder die Gestaltung von Bühnenbildern, Tänzen und Kostümen – es gab kaum etwas, das sich Oskar nicht zutraute. Doch es sind gerade die Tanzkostüme, die zu den Glanzlichtern der Staatsgalerie Stuttgart zählen. Gemeinsam mit den Tänzern Albert Burger und Elsa Hötzel entwickelte Oskar die Idee dazu: So wie die beiden von einem neuen, modernen Tanz träumten, so träumte Oskar von einer neuen, modernen Kunst. Gemeinsam erdachten sie den Plan für ein „Ballett der Zukunft". Der Erste Weltkrieg kam ihnen dazwischen, trotzdem gab es 1916 eine erste verkürzte Vorstellung im Stuttgarter Stadtgarten. Nach dem Krieg spann Oskar den Faden weiter und entwarf die Schnittmuster für die Kostüme. Und nun begann die Teamarbeit: Es wurde genäht, gelötet, gehämmert und geleimt, bis aus Pappmaché, Holz, Draht und Stahlblech regelrechte „Kostümgehäuse" entstanden waren. Für die an leichte und schwingende Kleider gewohnten Tänzer brachte das eine ganz neue Herausforderung mit sich, aber für das Künstler-Trio bedeutete dies die Verwirklichung ihrer Träume: Farben und Formen verschmolzen durch die neuartigen, mechanisch wirkenden Bewegungen zu einem abstrakten Ballett, das ihrer Vorstellung von einer neuen Zukunft entsprach – fantastisch, plastisch und visionär!

Wie Außerirdische tauchen Oskar Schlemmers Figurinen aus dem Dunkel des Ausstellungsraumes auf. Von links ins Bild schreitet Oskar Schlemmer im Kostüm des türkischen Tänzers bei seinem ersten Auftritt 1922. In der Mitte siehst du den „Taucher" und rechts den Scheibentänzer.

Das Triadische Ballett

Das „Triadische Ballett" ist von Kopf bis Fuß auf die Zahl Drei eingestellt: Drei Akte mit je drei Szenen, dazu drei Figuren, drei Farben, drei Stimmungen, drei Dimensionen ... und nicht zuletzt drei Künstler! Von den ursprünglich achtzehn Kostümen sind neun erhalten geblieben, sieben davon kannst du dir in der Staatsgalerie Stuttgart ansehen.

Am 30. September 1922 trat das Tanz-Trio zum ersten Mal im Kleinen Haus des württembergischen Landestheaters auf. Hinter der Bühne wuchs die Nervosität: Hoffentlich klappten die vielen schnellen Kostümwechsel. Jeder der drei Tänzer hatte schließlich sechs davon vor sich! Würde Walter Schoppe überhaupt durchhalten, wo er doch kein Profi war? Aber Moment mal ... Wer ist denn nun plötzlich Walter Schoppe? Unter diesem Decknamen verbarg sich damals der Künstler Oskar Schlemmer – er war nämlich auch ein leidenschaftlicher Tänzer! Das Publikum zeigte sich von den neuen Bewegungen und fremdartigen Kostümen tief beeindruckt – die langen Pausen und kleinen Patzer bei den Kostümwechseln taten der Wirkung dieser ersten Aufführung keinen Abbruch.

Kleider machen Leute

Heute ein Kleid, ein Rock oder doch lieber eine Hose? Bis ins 18. Jahrhundert regelten Vorschriften, welche Stoffe, Schnitte oder Farben eine Bäuerin, ein Bürger oder ein Mitglied des Adels tragen durfte. Heutzutage ist fast alles erlaubt, aber noch immer ist die Kleidung ein Spiegel der Gesellschaft – und genau das ist der „Stoff“, aus dem das Modemuseum in Schloss Ludwigsburg seine Geschichten „webt“. Beim Eintritt in die Ausstellung empfängt einen Dunkelheit, denn besonders ältere Stoffe sind empfindlich und vertragen kein helles Licht. Aber kaum hat sich das Auge daran gewöhnt, treten aus dem Dunkeln festlich gekleidete Paare hervor: elegante Herren mit Schnallenschuhen und Zopf, schlanke Damen in weit ausladenden Röcken. Die Kleiderpuppen, die hinter Glas stehen, verführen unsere Sinne mit kostbaren Gewändern aus schillernder Seide, mit feinster Stickerei und zarter Spitze. Die vornehmen Damen und Herren scheinen zum Tanz zu bitten, fast so als wären sie in einem Ballsaal. Der Herr in Kniebundhose und langer Jacke scheut weder Blumenmuster noch Glitzerpailletten, und seine Dame breitet ihren kiloschweren Rock aus, um mit dessen Goldstickerei zu glänzen: Luxus pur für die galante Gesellschaft des 18. Jahrhunderts. Doch dieser endete abrupt mit der Französischen Revolution und machte einem neuen Stil Platz.

Mode aus drei Jahrhunderten

Rokoko (1730 – 1780)

So kleideten sich die feinen Herrschaften im „Ancien Regime“, der „Alten Zeit“ unter den französischen Königen vor der Revolution 1789. Damals trugen Damen wie Herren Perücken, Seidenstrümpfe und Absatzschuhe.

Empire (1800 – 1820)

Dieses elegante Paar in Weiß vertritt die typische Mode des „Empire“, so nennt man die Zeit, in der Napoleon über weite Teile Europas herrschte. Charakteristisch für die Frisuren ist die Stirnlocke „à la Napoleon“.

Pop Art (1960er)

Den kurzen grünen Damenmantel „Alligator“ entwarf die Engländerin Mary Quant in den 60er Jahren. Mary ist übrigens auch die Erfinderin des Minirocks. Damals liebte man klare, knallige Farben und neue Materialien – „poppig“ war das Schlagwort dieser Zeit!

Im „Empire“ verlor der Herr seinen Zopf, die Dame ihre Last: An die Stelle der schweren Seidenrobe trat das bodenlange Kleid aus leichter indischer Baumwolle. Es wurde direkt unter der Brust geschnürt und floss dann gerade und weiß an ihrem Körper herab, so wie es die antiken Statuen vorgaben, deren edle Schönheit man bewunderte. Und wie ging es weiter? Die Ausstellung verfolgt den Wechsel der Moden bis weit ins 20. Jahrhundert hinein, das alle Fesseln sprengte. Dabei lüftet sie spannende Geheimnisse, zum Beispiel das um den Fächer: Er war das modische Accessoire, mit dem eine junge Dame ihre geheimsten Wünsche oder Gefühle gegenüber einem auserwählten Herren kundtun konnte. Dabei kam es darauf an, wie sie den Fächer hielt, ob sie ihn schloss oder öffnete.

Käthe Kruse und ihre Puppen

Donauwörth

Schon vor 1900 gab es Puppen, aber diese besaßen Porzellanköpfe, waren unbeweglich und eigneten sich so überhaupt nicht zum Spielen. Das fand auch Katharina Simon, genannt Käthe, die mit ihren beiden kleinen Töchtern im Jahr 1905 in der Schweiz lebte. Als die ältere sich eine Puppe zu Weihnachten wünschte, kam Käthe in eine Zwickmühle. Dennoch bat sie den Vater der Kinder, ihnen eine Puppe aus Berlin zu schicken, aber der weigerte sich. Sie sollten sich lieber selbst eine basteln! Also griff Käthe zu Nadel und Faden, und es entstand eine Puppe aus einem Handtuch, Sand für die Füllung und einer Kartoffel als Kopf. Arme und Beine wurden mittels Knoten aus dem Tuch geformt, das Gesicht mit einem abgebrannten Streichholz aufgemalt. Die Puppe löste nicht nur bei ihrer eigenen Tochter, sondern auch bei den Kindern im Bekanntenkreis Begeisterung aus. Bald schon nähte Käthe weitere aus Stoff und mit einem „richtigen Körper“. Ihre Puppen waren warm und weich und hielten es aus, dass man wirklich mit ihnen spielte – das war die Geburtsstunde der „Käthe-Kruse-Puppe“.

Käthe Kruse machte keinen Unterschied zwischen Junge und Mädchen, es gab nur einen Kopf und ein Gesicht. Als Vorbild für den Körper wählte sie ein Christuskind des Renaissance-Künstlers Verrocchio, für den Kopf einen Engel des Barock-Künstlers Duquesnoy.

Käthe Simon wurde 1883 in Breslau geboren und ging mit 17 Jahren nach Berlin, um Schauspielerin zu werden. Dort lernte sie den berühmten Bildhauer Max Kruse kennen, den sie 1909 heiratete. Mit der Geburt der dritten Tochter lebte die Familie gemeinsam in Berlin. Ein Jahr später nahm Käthe Kruse erfolgreich an der Berliner Ausstellung „Spielzeug aus eigener Hand“ teil. Viele Bestellungen flatterten daraufhin herein, 1911 sogar eine in Form eines Telegramms aus den USA: 150 Puppen – und kurz nach der Lieferung sollten 500 weitere folgen! Bislang hatte Käthe in der Wohnung gearbeitet, mithilfe ihrer Freunde und ihres Ehemanns. Doch nun musste eine richtige Werkstatt her. Man fand sie in Bad Kösen. Die internationale Karriere der Käthe-Kruse-Puppe nahm ihren Lauf. Ihre mittlerweile sieben Kinder halfen bei der Herstellung, entwarfen eigene Modelle oder führten später die Werkstatt. Zwei Weltkriege überstand die Käthe-Kruse-Firma, dann fiel sie, da Bad Kösen in der sowjetischen Besatzungszone lag, der Enteignungswelle zum Opfer. 1950 folgte die verwitwete Käthe ihren fünf noch lebenden Kindern mit einigen Mitarbeitern in den Westen. In Bad Pyrmont und Donauwörth entstanden neue Werkstätten. Die Käthe-Kruse-Puppe „überlebte“ allen Widerständen zum Trotz, und Käthe arbeitete mit ihrer Familie bis zu ihrem Tod unermüdlich daran, Kinderträume wahr werden zu lassen. Die Werkstatt in Donauwörth existiert noch heute. Nicht weit entfernt, wurde 1993 das Museum eröffnet, das Einblick in den geschichtsträchtigen Schatz der „Käthe-Kruse-Puppen“ gewährt.

Bis heute nach hohen Maßstäben von Hand gefertigt: Den Körper der klassischen Käthe-Kruse-Puppe füllt die Stopferin mit Reh- und Rentierhaar. Dieses Material erwärmt sich sehr schnell bei Berührung. Der Augenmaler verleiht der Puppe ihren typischen Blick.

Blick in die Puppenwerkstatt

Eine Kiste voller Abenteuer

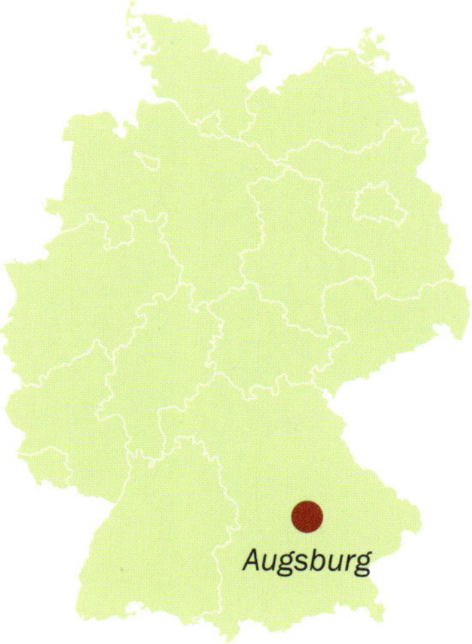

Wenn sich in einer Stadt im Südwesten Bayerns die Türen einer ganz bestimmten „Kiste“ öffnen und ein dunkelroter Samtvorhang mit einem Rascheln zur Seite gleitet, fangen die Augen kleiner und großer Leute an zu leuchten. Wo wir sind? Ganz klar: in dem berühmten Marionettentheater, der „Augsburger Puppenkiste“. Hier begegnet man Helden aus bekannten Kinderbüchern wie der kleinen Hexe und dem Räuber Hotzenplotz oder auch dem kleinen Prinzen sowie vielen Märchenfiguren. An langen Fäden marschieren oder schweben sie über die Bühne und entführen die Zuschauer in eine Welt, in der immer das Gute siegt. Gegründet in der schweren Zeit nach dem Zweiten Weltkrieg, hatte sich die Puppenkiste von Beginn an ein Ziel gesetzt: die Menschen zum Lachen zu bringen, sie zu trösten und für eine kurze Zeit ihre Sorgen vergessen zu lassen.

Augsburg

Die Augsburger Puppenkiste ist seit jeher ein Familienbetrieb. Der Magdeburger Schauspieler Walter Oehmichen war mit seiner Familie 1934 nach Augsburg gezogen, um den Posten des Oberspielleiters am Stadttheater zu übernehmen. Privat widmete er sich außerdem einer weiteren Art von Theater: Er besaß eine Sammlung aus japanischen Stab- und türkischen Schattenfiguren. Der Zweite Weltkrieg brach aus, und Oehmichen wurde in die Armee eingezogen. Für seine Kameraden bastelte er Puppen aus allem, was er fand, und brachte sie mit improvisierten Vorstellungen zum Lachen. Als er 1940 vorzeitig entlassen wurde, baute er mit seiner Familie ein mobiles Hausmarionettentheater auf. Bald schon spielte man an verschiedenen Orten. 1944 wurde Oehmichen wieder eingezogen und kehrte erst vier Monate nach Kriegsende aus der Gefangenschaft zurück. Da er 1940 in die NSDAP hatte eintreten müssen, um weiter am Theater spielen zu dürfen, bekam er jetzt keine Stelle mehr als Schauspieler. Die Familie beschloss, weiter mit den Marionetten Stücke aufzuführen.

Jede Marionette hängt an einem Holzkreuz mit zehn Fäden. Die Tiere haben ein Maul, das auf- und zuklappt, die aus Holz geschnitzten Gesichter der anderen Puppen sind starr. Die Gefühle werden allein über die Bewegungen vermittelt.

Im Heilig-Geist-Spital am Roten Tor fand man 1948 Räume für ein „richtiges“ Theater und am 26. Februar hob sich der erste Vorhang – die Vorstellung war restlos ausverkauft! Das neue Theater wurde berühmt: Sogar Filme wurden mit den Marionettenfiguren gedreht und in die ganze Welt verkauft. Die Augsburger Puppenkiste kam nur einen Monat nach der Tagesschau ins Fernsehen! Das Theater selbst wurde zu einem der erfolgreichsten Europas. 2001 wurde im selben Haus das Museum „Die Kiste“ eröffnet. Über eine Million Menschen haben seitdem die fantastische Welt der Augsburger Puppenkiste besucht und erfahren dort, wie kunstvoll die Figuren hergestellt werden und wie man Marionettenspieler wird.

Augsburger Puppenkiste

Der Kaspar aus der Puppenkiste

Die wohl berühmteste Figur der Augsburger Puppenkiste ist der Kaspar – er war von Anfang an mit dabei! Auch heute noch eröffnet er jede Vorstellung, und seine Stimme ist auf dem Anrufbeantworter des Theaters und Museums zu hören.

Eine wunderbare Spielzeug-Welt

Sieht so das Haus des Weihnachtsmannes aus? Wuseln hier nachts Wichtel umher und basteln Geschenke, die Kinderherzen höherschlagen lassen? Im Nürnberger Spielzeugmuseum betritt man eine riesige Spielzeug-Schatzkiste: Von einem über 1 600 Jahre alten ägyptischen Räderpferdchen und dem fast ebenso lange beliebten Kreisel aus Holz über Puppenstuben mitsamt ihren Bewohnern, Teddybären, Bauklötze und Blechspielzeug bis hin zur Lokomotive, die mit ihren Waggons über die Gleise rattert – hier findet sich für jeden etwas! Das Besondere ist, dass all diese Dinge spannende Geschichten erzählen: nicht nur über das Spielzeug an sich, sondern auch über uns und vorangegangene Generationen. Die Puppenstuben mit ihren zahlreichen Kleinigkeiten zeigen ganz genau, wie das Alltagsleben vom 18. Jahrhundert bis in die 1920er-Jahre aussah. Anhand der Puppen, von denen die ältesten aus dem 14. Jahrhundert stammen, lernt man viel über die Mode und ihren Wandel. Außerdem lädt allerhand technisches Spielzeug zu einer Reise in die Zeit der industriellen Revolution ein. Der neue Werkstoff Eisen brachte auch für das Spielzeug ein neues Material mit sich: das Blech. Autos, Züge, Metallbaukästen, elektrische Kochautomaten und sich bewegende Figuren verschiedenster Art entstanden. Und sogar kleine Dampfmaschinen!

Tritt man nach dem Museumsbesuch wieder auf die Straße hinaus, läuft man durch die Gassen einer Stadt, in der Spielzeug schon seit dem Mittelalter eine sehr große Bedeutung hat: In der Nürnberger Altstadt und in einigen Stadtteilen gab es Hunderte Handwerksbetriebe, die sich darauf spezialisiert hatten. Es roch nach Holz und Farbe, Felle und Stoffe wurden in vielfältige Formen geschnitten und kunstvoll zusammengenäht. Im Zuge der industriellen Revolution wurde Nürnberg ein Jahrhundert lang zur „Metropole des Blechspielzeugs".

Das Spielzeugmuseum wurde im Jahr 1971 mit der bedeutenden Spielzeugsammlung von über 12 000 Objekten des Ehepaares Lydia und Paul Bayer eröffnet. Nach dem Tod Lydia Bayers 1962 hatten ihr Mann und ihre gemeinsame Tochter die Sammlung in einem privaten Museum der Familie in Würzburg der Öffentlichkeit zugänglich gemacht. Die Stadt Nürnberg bot Vater und Tochter an, diese zu übernehmen, um endlich in einem eigenen Museum den Schatz „Spielzeug" und seine Geschichte würdig präsentieren zu können. Die Tochter, die ebenfalls Lydia hieß, leitete das Museum über mehrere Jahrzehnte und verschaffte ihm internationales Ansehen. Das Nürnberger Spielzeugmuseum ist mittlerweile eines der bekanntesten seiner Art und die Stadt nach wie vor ein wichtiger Spielzeugstandort: Hier findet jedes Jahr die größte Spielwarenmesse der Welt statt, und in der Nähe hat die sehr bekannte Firma Playmobil ihren Sitz.

Das Spielzeug-museum

Eine Eisenbahn, eine Puppenstube oder lieber doch ein Elefant auf Rädern? Über 100 000 Spielzeuge sind mittlerweile im Museumsbesitz, so viele, dass nur ein kleiner Teil in der Ausstellung gezeigt werden kann.

Funkelnde Zeichen der Macht

Unter einer Ladung Fische versteckt, gelangten 1424 einige der wichtigsten Besitztümer des Herrschers des Heiligen Römischen Reiches nach Nürnberg: Krone, Zepter, Reichsapfel, Lanze, Schwert, Mantel und viele kostbare Gegenstände für den kirchlichen Gebrauch. Die „Reichskleinodien", wie man diese Symbole der Macht heute nennt, waren auf Befehl Kaiser Sigismunds zur „ewigen Aufbewahrung" in die Stadt gebracht worden. Die Nürnberger Bürger waren begeistert, denn die Reichskleinodien hatten nicht nur eine wichtige politische Bedeutung, sondern auch eine religiöse! Von nun an wurden sie jedes Jahr an Ostern zusammen mit den sterblichen Überresten von Heiligen, den Reliquien, auf dem Hauptmarkt in Nürnberg ausgestellt und angebetet. Aber wieso wollte Kaiser Sigismund die Reichskleinodien ausgerechnet in Nürnberg verwahrt wissen? Die Könige und Kaiser des Heiligen Römischen Reiches hatten schließlich keinen festen Regierungssitz, sondern reisten von Pfalz zu Pfalz, um zu regieren und ihre Hoftage abzuhalten. Doch Nürnberg bekleidete eine herausgehobene Stellung: 1356 hatte man in der „Goldenen Bulle", dem kaiserlichen „Gesetzbuch", festgelegt, dass jeder Herrscher seinen ersten Reichstag in Nürnberg abhalten musste. Außerdem war Kaiser Sigismund in der Stadt geboren worden und schätzte sie sehr. So hingen die Reichskleinodien 350 Jahre in einem Schrein in der Spitalkirche.

Nürnberg

Der bedeutendste Bestandteil der Reichskleinodien, die aus dem 10. bis 14. Jahrhundert stammen, ist die Krone. Lange glaubte man, dass Karl der Große mit dieser Krone im Jahr 800 zum Kaiser gekrönt wurde. Aber sie wurde tatsächlich erst sehr viel später, vermutlich frühestens um das Jahr 960 für Kaiser Otto I. angefertigt.

Die Reichskleinodien

Ein gewagtes Vorhaben! Hättest du gedacht, dass die Reichskleinodien es auf so einem Weg nach Nürnberg geschafft haben? Niemand hatte den heimlichen Transport verraten, und keine Wegelagerer waren angesichts des ungewöhnlichen Fischtransports misstrauisch geworden.

Im Zuge der Reformation wurde die Reichsstadt Nürnberg protestantisch, das Kaiserhaus jedoch blieb katholisch, was zu politischen Spannungen führte. Diese zeigten sich unter anderem darin, dass die jährliche öffentliche Verehrung der „heiligen" Reichskleinodien abgeschafft wurde. Als im Jahr 1806 das Heilige Römische Reich unterging, verlor Nürnberg seinen Status als Reichsstadt und gehörte von nun an zu Bayern. Man befürchtete, die Reichskleinodien könnten Napoleon als Kriegsbeute zum Opfer fallen, darum brachte man sie auf Geheiß Kaiser Franz II. 1800/01 nach Wien in die Schatzkammer der Hofburg. Nach dem Anschluss Österreichs an Deutschland unter Adolf Hitler kamen sie 1938 auf dessen Befehl wieder nach Nürnberg. 1946 kehrte der älteste und größte erhaltene Kronschatz Europas schließlich nach Wien zurück. Kopien der Krone, des Zepters und des Reichsapfels sind heute im Nürnberger Stadtmuseum Fembohaus zu sehen.

Eine Halle für große Taten

Donaustauf

Der Sieg des französischen Kaisers Napoleon über Preußen in den Schlachten von Jena und Auerstedt 1806 markierte einen bedeutsamen Wendepunkt in der Geschichte Europas. Er bewirkte den Untergang des Heiligen Römischen Reiches Deutscher Nation – ein tiefer Schlag sowohl für Herrscher als auch für Untertanen. Etwa ein Jahr später begann der bayerische Kronprinz Ludwig, der spätere König Ludwig I., ein besonderes Projekt zu planen: Er wollte den Menschen seiner Nation wieder zu mehr Selbstbewusstsein verhelfen, indem er sie an heldenhafte Persönlichkeiten und bedeutende Geschehnisse in der deutschen Geschichte erinnerte. Dafür erteilte er gleich mehreren Bildhauern den Auftrag, eine Vielzahl an Büsten und Gedenktafeln zu fertigen, darunter Porträts des Kaiser Otto I. und der Kaiserin Maria Theresia, des Malers Albrecht Dürer, des Gelehrten Nicolaus Copernicus, des Komponisten Wolfgang Amadeus Mozart, des Schriftstellers Johann Wolfgang von Goethe und des Erfinders der Buchdruckkunst Johannes Gutenberg. Doch wo sollten diese gezeigt werden? Nach dem Sieg der europäischen Verbündeten über Napoleon im Oktober 1813 in der Völkerschlacht bei Leipzig, rief Ludwig einen Architekturwettbewerb für einen prächtigen Bau aus, in dem die Büsten ein würdiges Zuhause finden sollten: Ein Tempel sollte es sein, denn die griechische Antike war zu dieser Zeit sehr beliebt. Gewinner des Wettbewerbs war der Architekt Haller von Hallerstein, nach dessen Tod führte Leo von Klenze den Bau zu Ende. Das eindrucksvolle Denkmal, das erst in München errichtet werden sollte, fand seinen Platz schließlich auf dem Bräuberg bei Donaustauf, hoch über der Donau thronend, und wurde weltberühmt.

Am 18. Oktober 1830, siebzehn Jahre nach dem Sieg über Napoleon, wurde der Grundstein für die Walhalla gelegt, und auf den Tag genau zwölf Jahre später fand mit einem großen Fest die Eröffnung statt. Die breite Treppe steht sinnbildlich für den Aufgang in den „Heldenhimmel“.

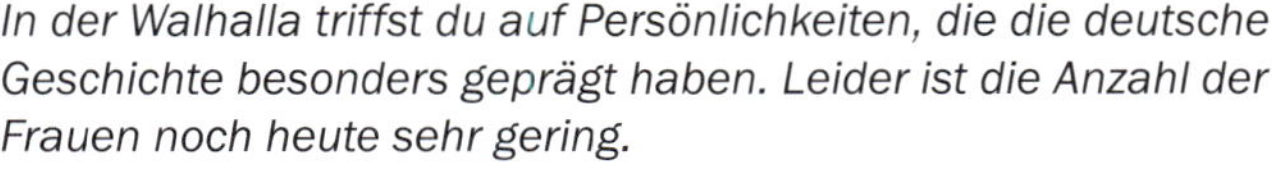

In der Walhalla triffst du auf Persönlichkeiten, die die deutsche Geschichte besonders geprägt haben. Leider ist die Anzahl der Frauen noch heute sehr gering.

Ihren Namen erhielt die „Heldenhalle“ durch die Anregung des Schweizer Künstlers Johannes von Müller, den Ludwig bei der Auswahl der Persönlichkeiten miteinbezogen hatte. Die Walhalla, im Altdeutschen „Valhöll“ genannt, war in der germanischen Sagenwelt der Ort, an den die im Kampf gefallenen Helden kamen – ein „Heldenhimmel“ vor dem Wohnort der Götter. In seinem Testament legte König Ludwig I. fest, dass man fortfahren sollte, herausragenden Persönlichkeiten und Ereignissen in der Walhalla einen Platz zu geben. Die Anzahl der „Heldinnen und Helden“ wurde stetig erweitert. Nach dem Zweiten Weltkrieg erhielten auch Gegner des Nationalsozialismus wie Sophie Scholl und Opfer des Holocaust hier ihren Platz.

Blaues Pferd auf roter Alm

Das Pferd scheint noch jung zu sein. Unbeholfen wagt es seine ersten Schritte in die Welt, den Kopf wie nachdenklich zur Seite geneigt. Aber Moment mal ... Hier geht es doch nicht mit rechten Dingen zu: Kein Pferd der Welt ist schließlich kantig und blau, keine Landschaft rot, gelb, blau und violett! Ist der Maler verrückt geworden? So oder so ähnlich dachten damals viele Menschen, wenn sie Franz Marcs Bilder sahen. Doch der Münchener Künstler hatte sich etwas ganz Bestimmtes in den Kopf gesetzt: Er wollte die Welt aus Sicht der Bäume und Tiere malen. Was fühlt der Wald, was denkt ein Hund, wie „sieht ein Pferd die Welt"? Doch wie sollte er das zum Ausdruck bringen? Der Münchener Künstler verbrachte seine Sommer auf den Almen im oberbayerischen Voralpenland. Bepackt mit Staffelei, Leinwand und Farben, zog er los und malte oft wochenlang an einer Stelle, um sich in die Natur „hineinzufühlen": in das „Zittern der Luft", den Duft der Bäume, den Blick der Tiere. So erfand Franz schließlich eine ganz neue Farb- und Formenwelt – und im Jahr 1911 das blau schimmernde Pferd, das wie ein Traumbild durch diese Landschaft geistert, mit deren Farben und Formen es zu verschmelzen scheint.

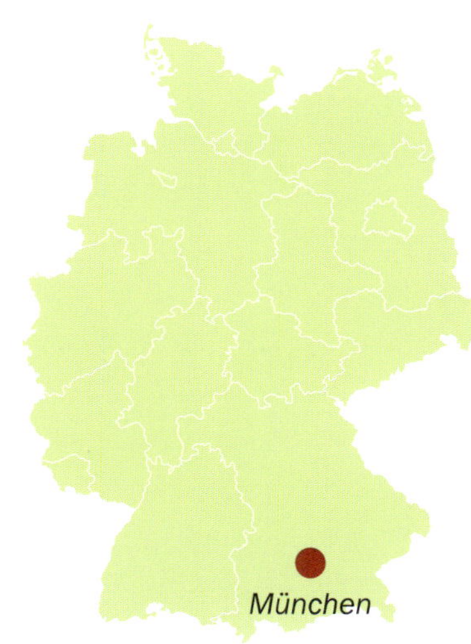

Franz Marc mochte Tiere, doch nicht nur deshalb malte er sie so häufig: Er hatte die stinkenden Fabriken und den Lärm der Großstadt satt und sehnte sich nach einem Leben in der Natur. Tiere waren für ihn die „besseren Wesen", denn sie lebten im Einklang mit ihr. Darum malte Franz seine Tiere nicht wirklichkeitsgetreu wie die Künstler zuvor – braune Kuh auf grüner Wiese –, sondern so, wie er ihr Dasein „verstand": Das Tierreich entsprach seiner Vorstellung von einer perfekten Welt. Franz teilte seine Auffassung von einer neuen Malerei mit einer Gruppe anderer junger Malerinnen und Maler. Sie schlossen Freundschaft, diskutierten, schrieben ihre Gedanken auf, planten Ausstellungen und gaben sich auch einen Namen – so kam der „Blaue Reiter" zustande.

Franz gab seinem Pferd die Farbe Blau. Warum ausgerechnet Blau? Das war die einzige Farbe, bei der er sich „wohlfühlte". Es ist die Farbe des Himmels und der Meere, der unendlichen Weite und der Freiheit! Das passte zu Franz Marcs Träumen und seiner Idee vom stürmischen „Blauen Reiter", der die alte Kunst erneuern sollte.

Blaues Pferd I.

Am liebsten beobachtete Franz Marc die Tiere in der freien Wildbahn, dabei zeichnete er unaufhörlich. Auf diese Weise lernte der Maler ihre Muskeln „auswendig", ihre schnellen Bewegungen und ihre verschiedenen Haltungen. Dabei folgte ihm ein Tier auf Schritt und Tritt: Das war Russi, der große weiße Hirtenhund aus Sibirien. Herr und Hund waren unzertrennlich, und so findest du Russi auf vielen Gemälden Franz Marcs wieder.

Die Schönsten der Schönen

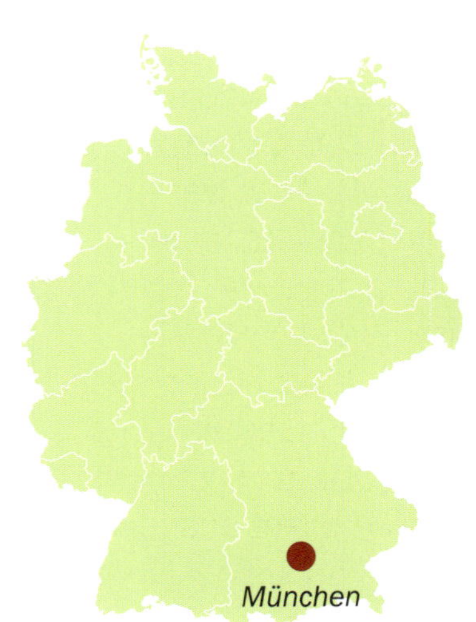

König Ludwig I. von Bayern hatte eine Schwäche für alles Schöne: für Italien und die Antike, für Poesie und … schöne Frauen. Er verwandelte München in eine Großbaustelle, um es nach seinen Vorstellungen umzugestalten, und er schenkte der Stadt eine besondere Galerie: Eine Sammlung von Frauenporträts, die vor allem eins verband – die Schönheit. Was Schönheit war und wer sie besaß, das entschied Ludwig. Für ihn war sie nicht nur eine Frage der äußeren Erscheinung, sondern auch eine der inneren Haltung: Sanftmut und „Tugend" waren ebenso gefragt wie ein hübsches Gesicht. Was bei der Auswahl der Damen, und das war höchst ungewöhnlich, jedoch keine Rolle spielte, war die Herkunft: Jede schöne Frau, ob Beamtentochter oder Prinzessin, Gräfin, Tänzerin oder Schauspielerin, konnte in der königlichen Galerie „verewigt" werden. Ganz München begeisterte sich für Ludwigs Projekt, und besonders die Damenwelt geriet in Aufruhr, denn anfangs waren vor allem die Münchenerinnen gefragt. Wo konnte man die Aufmerksamkeit des Königs erregen, wie ihm ins Auge fallen? Natürlich dort, wo sich der König gern aufhielt: im Konzerthaus oder im Gewimmel des Karnevals. Tatsächlich bat Ludwig aber auch Verwandte, Freunde und seinen Porträtmaler um Vorschläge.

Die sanfte Helene Sedlmayr

Helene war als Tochter eines verarmten Schuhmachers nach München gekommen und machte dort als „Schöne Münchenerin" Karriere. Sie entsprach voll und ganz Ludwigs Ideal von äußerer und innerer Schönheit.

Die schöne Lola Montez

Manche Schönheit eroberte nicht nur einen Platz in Ludwigs Sammlung, sondern auch in seinem Herzen: Das stürmische Liebesabenteuer zwischen dem König und der gebürtigen Irin, die sich als spanische Tänzerin ausgab, sorgte in München für viel Wirbel!

Die Porträts stammen alle von ein und demselben Künstler: dem bayerischen Hofmaler Joseph Karl Stieler. Dieser malte die Damen ganz nach Ludwigs Geschmack – notfalls auch zweimal. Alle Porträtierten bekamen dasselbe Bildformat, eine anmutige Pose und das „glatte" Aussehen, für das Stielers Porträtkunst bekannt und beliebt war. Besonders zu Anfang fieberte die ganze Stadt mit, wenn der Hofmaler wieder ein neues Porträt im Kunstverein enthüllte: Wer war die geheimnisvolle Schöne? Die Damenbildnisse und ihre Geschichten sorgten für viel Klatsch und Tratsch. Am Ende waren es 36 Porträts, die Stieler im Festsaalbau der Münchener Residenz 1842 aufhängen ließ. Heute trifft man die Damen mit einem frisch restaurierten Lächeln im „Saal der Schönheitengalerie" in Schloss Nymphenburg an.

Der gelehrte Maler

Eine glänzende Lockenpracht um ein ernst blickendes Gesicht, dazu ein pelzgefütterter Mantel: Das Selbstporträt Albrecht Dürers bleibt auch über 500 Jahre nach seiner Entstehung rätselhaft. Aber wer war Albrecht Dürer? Als ältester Sohn eines Goldschmieds erlernte er zuerst das väterliche Handwerk, um später die Werkstatt zu übernehmen. Albrecht erwies sich als aufgeweckter und begabter Lehrling, und die Zukunft der Familie schien gesichert. Aber eines Tages eröffnete er seinem Vater, dass er lieber Maler wäre. Das war ein harter Schlag für den Vater, aber schließlich gab er nach und schickte seinen Jungen beim besten Maler der Stadt in die Lehre. Bei Michael Wolgemut lernte Albrecht alles, was er über die Malerei wissen musste. Danach zog er für mehrere Jahre als Geselle hinaus in die Welt. Doch als sein Vater ihm eine Braut ausgesucht hatte, kehrte Albrecht zurück nach Nürnberg, heiratete „sein Agnes“ und ließ sich nieder. Talent und Geschäftssinn trieben den ehrgeizigen Künstler an, ebenso wie seine Neugier, die ihn sogar bis nach Venedig reisen ließ! Er verkehrte in gelehrten Kreisen, betätigte sich als Kunstschriftsteller und malte ein Selbstbildnis, auf dem er sich als edler Herr im kostbaren Pelzrock darstellt. Und genau dieses Bild hat es in sich.

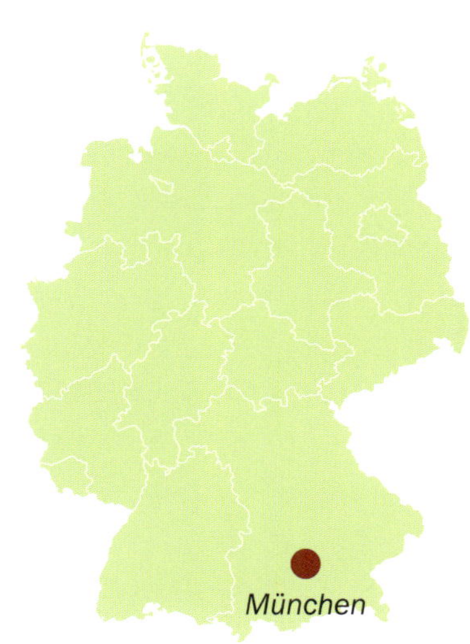

Selbstbildnis im Pelzrock

Kannst du die Schrift auf Höhe der Augen entziffern? Links findest du das Datum 1500 und Dürers Anfangsbuchstaben AD. Sie wurden zum Markenzeichen seiner Kunst. Rechts steht ein lateinischer Satz, der meist wie folgt übersetzt wird: „So schuf ich, Albrecht Dürer aus Nürnberg, mich selbst mit charakteristischen Farben im Alter von 28 Jahren.“ Viele meinen, dass sich der Maler hier mit Absicht wie Christus porträtiert hat, um auf seine schöpferische Rolle als Künstler hinzuweisen und zu betonen: Die Natur ist zwar das Vorbild, aber die Kunst ihre Vollendung!

Albrecht Dürer tat alles dafür, um als Mitglied der vornehmen Gesellschaft angesehen zu werden. Aus seinem Selbstporträt lässt sich vielerlei lesen: Der Griff in den Pelzkragen sollte wohl auf sein Talent verweisen – frei nach dem Motto: „Seht her, niemand versteht sich so wie ich auf das Malen von Fell und Haaren!“ Gleichzeitig könnte man daraus auch Albrechts eigenen Anspruch auf eine gehobene Stellung in der Gesellschaft ableiten: Nach den damaligen Vorschriften durften nämlich nur die vornehmsten Herren so einen Pelzbesatz aus kostbarem Marderfell tragen. Und da gibt es noch etwas, das an dem Selbstbildnis geradezu skandalös anmutet: die frontale und auffällig symmetrische Darstellung des Gesichts. Diese Art des idealisierten Porträts war damals allein dem Bildnis Christi vorbehalten!

Erbeutete und geraubte Kunstschätze

Hast du dich schon einmal gefragt, wie ein Kunstschatz ins Museum gelangt? Das ist tatsächlich eine sehr spannende Frage, der man sich verstärkt in jüngerer Zeit mit einer neuen Ausrichtung widmet. Heute ist es eine wichtige Aufgabe der Museen, die Spuren „ihrer“ Schätze zurückzuverfolgen, um sicherzustellen, dass bei ihrem Erwerb alles seinen korrekten Weg gegangen ist. Sollte sich bei diesen Nachforschungen etwa herausstellen, dass ein Schatz geraubt, gestohlen oder erpresst worden ist, so müsste er doch schnellstmöglich seinem rechtmäßigen Eigentümer zurückgegeben werden. Oder?

Ganz so einfach ist die Sache leider nicht – besonders, wenn der Erwerb der Schätze schon sehr lange zurückliegt. Was macht man also mit den Dingen, die als „verstummte Zeugen“ kriegerischer Zeiten schon vor Jahrhunderten Länder und Kontinente überquert haben und die Vitrinen unserer Museen füllen? Die Spurensuche, der offene Umgang mit den Herkunftsgeschichten und die Frage nach der Rückgabe von sogenannter Beutekunst gehören zu den großen Herausforderungen, denen sich die Museen heute stellen müssen – und auch wir als Gesellschaft.

Die Auseinandersetzung der Museen mit der Herkunft ihrer Kunstschätze betrifft vor allem auch die Museen, deren Bestände eng mit dem kolonialen Erbe verflochten sind. Viele dieser früher als „Völkerkundemuseen“ bekannten Museen sind nun dabei, sich neu auszurichten und benennen sich um. So wurde zum Beispiel aus dem Hamburger „Museum für Völkerkunde“ 2018 das „MARKK“, das „Museum am Rothenbaum – Kulturen und Künste der Welt“.

Als Napoleon 1806 triumphierend durch das Brandenburger Tor in das Herz der preußischen Hauptstadt Berlin vorstieß, ließ er die Skulptur der Quadriga, die das berühmte Tor bekrönt, abbauen und als „Trophäe“ nach Paris bringen. Acht Jahre später, nach der Niederlage Napoleons, „drehte“ der preußische König „den Spieß um“ und ließ die Quadriga unter dem Jubel des Volkes wieder zurück nach Berlin holen.

Die Geschichte der Beutezüge ist so alt wie die Geschichte der Kunst selbst. Über Jahrtausende nahm der Sieger einer Schlacht an sich, was ihm in die Hände fiel. So schmückte man beispielsweise in der Antike das eroberte Schlachtfeld mit den erbeuteten Waffen und Fahnen – als sichtbare „Trophäen“ des Triumphs. Kunstschätze waren eine besonders begehrte Beute: Man beraubte den Gegner auf diese Weise seiner Würde und seiner Geschichte – denn Kunstschätze gehören zum einzigartigen Erbe eines Landes, das kein Gold der Welt ersetzen kann. Die ersten systematischen Beutezüge schrieb man früher Napoleon zu, aber die Jagd nach Kunstschätzen setzte schon vorher, während der französischen Revolution, ein. Aber es war der berühmte Kaiser der Franzosen, der diese Jagd auf die Spitze trieb.

Dabei handelte er nicht allein: Er hatte einen „Komplizen“ – Dominique-Vivant Denon, genannt „das Auge“. Der Direktor des „Musée Napoléon“ folgte der siegreichen Armee durch Europa und nahm mit, was ihm gefiel. Denn er träumte von einem Kunsttempel im Herzen von Paris, und jeden seiner erbeuteten Schätze hütete er wie seinen Augapfel: Er ließ alles erfassen, ordnen und restaurieren. So kommt es, dass Napoleons berüchtigter Kunsträuber zugleich als Begründer des modernen Museumswesens gilt – denn er etablierte das Museum als einen Ort, wo sich Wissenschaft und Publikum treffen. Im Jahr 1899 einigten sich viele Länder der Erde erstmals auf gemeinsame „Regeln“, die auch im Kriegsfall gelten sollten. Seitdem gilt das Zerstören, Rauben und Plündern von Kunst als Verstoß gegen das Völkerrecht.

Es ist ein unheilvolles Kapitel deutscher Geschichte, das man unter dem Stichwort „Raubkunst“ aufschlägt: Es beginnt 1933 mit der Ernennung Adolf Hitlers zum Reichskanzler und schließt 1945 mit dem Ende des Zweiten Weltkrieges. In dieser Zeit der Gewaltherrschaft wurden Andersdenkende, vor allem jüdische Mitbürger, systematisch verfolgt: Stück für Stück beraubte man sie ihrer Rechte und ihrer Würde – vertrieb sie aus Beruf, Gesellschaft und Heimat. Um zu überleben, mussten sich jüdische Familien von ihren Besitztümern trennen, jüdische Kunstsammler und -händler ihre Schätze verkaufen, meist weit unter Wert. Die Raubpolitik Hitlers verschärfte sich durch den Anschluss Österreichs 1938 und dehnte sich mit dem Ausbruch des Zweiten Weltkriegs auf die eroberten Gebiete aus. Hitlers Kunsträuber jagten nun durch ganz Europa, erpressten und beschlagnahmten, was nicht zum nationalsozialistischen Kunstideal passte oder sich in jüdischem Besitz befand – Hitler wollte die Juden und ihr Erbe restlos auslöschen. Weit mehr als eine halbe Million Kunstschätze wurde in diesen zwölf Jahren geraubt, Tausende von Kunstwerken wurden als „entartet“ angeprangert, ins Ausland verkauft oder verbrannt.

Schön und berühmt zu sein, ist manchmal nicht nur lästig, sondern auch gefährlich: So wurde die „Brügger Madonna“, die der Renaissance-Künstler Michelangelo Anfang des 16. Jahrhunderts schuf, gleich zweimal entführt. Das erste Mal ging sie als Beute der französischen Revolutionsarmee nach Paris, von wo sie 1815 zurück nach Brügge kehrte. Fast genau 150 Jahre nach der ersten Entführung verschleppte man sie erneut. Dieses Mal waren es deutsche Soldaten, die die Madonna 1944 im Namen des „Führers“ für dessen Sammlung raubten. Wie so viele andere Schätze brachte man sie in einem der größten Kunstlager der Nazis unter, im Salzbergwerk Altaussee. 1945 wurde sie dort von den Amerikanern befreit und wieder nach Hause geschickt.

Als Kunstmaler war Hitler in jungen Jahren kläglich gescheitert, nun wollte er als gelehrter Kunstsammler auftrumpfen. Dafür plante er Großes – den Bau eines gigantischen „Führermuseums“ in Linz, der Stadt seiner Jugend. Für dessen Ausstattung schickte er Männer vom Fach mit einem geheimen Befehl durch Europa: Was sie an Gemälden beschlagnahmten und „kauften“, wurde an mehreren Orten gesammelt – vieles davon in Hitlers unmittelbarer Nähe, in den Kellerräumen des Führerbaus in München. Als die Bombenangriffe gegen Ende des Krieges bedrohlich zunahmen, brachte man Hitlers gesammelte Schätze im Salzbergwerk Altaussee in Sicherheit. Hier wurden sie im Mai 1945 von den Amerikanern geborgen, die sie zurück nach München überführten. Dort hatte die amerikanische Militärregierung im alten Führer- sowie im Verwaltungsbau der Nazis eine der zentralen Kunstsammelstellen eingerichtet. Die Hauptaufgabe dieses Münchener „Central Collecting Point“ bestand darin, die geraubten Nazi-Schätze zusammenzuführen und zu erfassen, um sie von dort aus an die rechtmäßigen Eigentümer zurückzugeben. Bereits im Juni 1945 begann der Rücktransport der Kunstwerke aus Schlössern, Klöstern und dem Salzbergwerk Altaussee. Die Rückgabe der NS-Raubkunst ist auch 77 Jahre nach Kriegsende noch nicht abgeschlossen. Immer wieder tauchen geraubte „Nazi-Schätze“ auf und fachen die Diskussion um den Umgang mit Raubkunst an. Seit gut 20 Jahren erleichtert eine Datenbank die Suche, und das „Deutsche Zentrum Kulturgutverluste“ bemüht sich um systematische Aufklärung.

Das Salzbergwerk Altaussee gehört heute zu den großen Schaubergwerken Österreichs und wartet in seinen Stollen mit einer Schatzgeschichte aus dunkelster Zeit auf: Zwischen 1943 und 1945 lagerten hier Tausende von Kunstwerken, vermeintlich bombensicher – darunter auch die geraubten Schätze der Nazis, die für Hitlers Museum bestimmt waren. Es hätte nicht viel gefehlt, da wären sie in den letzten Kriegstagen doch noch in die Luft gesprengt worden, wenn nicht eine Gruppe aufmerksamer Bergmänner das verhindert hätte.

Glossar

A

Abstrakte Malerei: meint in der Kunst eine Strömung, die um 1910 einsetzte. Damals lösten die Maler Form und Farbe vom Gegenstand und entwickelten ganz neue Ideen: Ihre Bilder gaben nun nicht mehr nur wieder, was die Augen erfassten.

Absolutismus: nennt man die Zeit des 17. und 18. Jahrhunderts, in der die Herrscher ihre Stellung von Gott ableiteten und uneingeschränkte Macht über ihre Untertanen besaßen.

Adam und Eva: sind nach der biblischen Erzählung das erste Menschenpaar.

Adel: heißen die vornehmen Personen, die vom Mittelalter bis ins 19. Jahrhundert, aufgrund ihrer Geburt und ihres Besitzes, manchmal auch durch besondere Leistungen, mit Vorrechten ausgestattet waren und das politische Geschehen bestimmten.

Altar: meint in der christlichen Kirche den Tisch, an dem das Abendmahl gefeiert wird. Hier liegt die Bibel, hier stehen die Kerzen und hier werden Brot und Wein bereitgestellt.

Altaraufsatz: meint das Kunstwerk, das auf dem rückwärtigen Teil des Altartisches steht und mit kostbaren Bildern geschmückt ist.

Altes Ägypten: meint die Zeit Ägyptens in der Antike, als die Pharaonen regierten. Sie begann vor 4000 v. Chr. und endete mit dem Tod Kleopatras im Jahr 31 v. Chr. Danach wurde Ägypten römische Provinz.

Andacht: meint die religiöse Einkehr zum Beispiel durch ein Gebet.

Antike: meint hier die Zeit der alten Griechen von 800 bis 30 v. Chr. und die der alten Römer, die von 753 v. Chr. (Gründung der Stadt Rom) bis spätestens 529 n. Chr. andauerte.

Aufklärung: meint in Kunst und Geschichte, Philosophie und Literatur die Zeit des ausgehenden 17. und 18. Jahrhunderts, in der man den Lauf der Dinge nicht mehr als gottgegeben hinnahm, sondern sich die Welt wissenschaftlich neu eroberte mit Experimenten und aufgrund von Erfahrungen.

B

Barock: leitet sich von dem portugiesischen „barocco“ ab und meint eine unregelmäßig gewachsene Perle. Man bezeichnet so die Kunst und Architektur, die um 1600 in Rom entstand und um 1750 in der Mitte Europas endete. Das Barock brachte Bewegung in die Architektur, Illusion und Vieldeutigkeit in die Malerei.

Beutekunst: meint die Kunstwerke, die unter kriegerischen Bedingungen ihren Besitzer wechselten – „erbeutet“ wurden.

Bibel: ist das heilige Buch des Christentums.

Blattgold: sind hauchdünne Folien, mit denen man, vor allem im Mittelalter, die Hintergründe der Bilder versah, um sie besonders kostbar und heilig wirken zu lassen.

Blauer Reiter: meint eine Künstlergruppe, die sich 1911 um Wassily Kandinsky und Franz Marc zusammenfand, um in der Malerei neue Wege zu gehen. Der Name „Blauer Reiter“ kam bei Kaffee und Kuchen unter der Gartenlaube zustande: Franz Marc liebte Pferde und die Farbe Blau, Wassily Kandinsky Reiter.

Bodendenkmal: meint ein menschengemachtes Zeugnis der Geschichte, das im Boden verborgen ist und auch dort verbleibt.

Bronze: ist ein von Menschenhand hergestelltes Metall aus Kupfer und Zinn, das bei der Verbindung mit Sauerstoff grünlich anläuft. Bronze ist härter als Kupfer. Sie wurde in der Zeit von etwa 2200 bis 800 v. Chr. (der Bronzezeit) für Werkzeuge, Schmuck und Waffen verwendet.

Bürgerkrieg: meint einen Krieg zwischen Angehörigen eines Volkes.

C

Christentum: ist eine der großen Weltreligionen, denen der Glaube an nur einen Gott gemein ist. Es basiert auf der Heilsgeschichte, wie sie in der Bibel erzählt wird.

Christus: meint „der Gesalbte“ und ist der biblische Titel für Jesus.

D

3-D-Scanner: meint ein elektronisches Gerät, mit dessen Hilfe man die Form und Lage eines Gegenstands ausmessen und aufzeichnen kann.

Dampfmaschine: meint eine Maschine, die mithilfe von Wasserdampf angetrieben wird; Dampfmaschinen waren die ersten Maschinen, mit denen Menschenkraft ersetzt und aus einem Handwerksbetrieb eine Fabrik wurde.

Design: meint die Gestaltung von Gebrauchsgegenständen.

Documenta: nennt man die weltberühmte Kunstschau in Kassel, seit 1955 alle fünf (usprünglich vier) Jahre stattfindet, 100 Tage dauert und zeitgenössische Kunst zeigt.

Dreißigjähriger Krieg: dauerte von 1618 bis 1648 und spielte sich vor allem auf dem Gebiet ab, das heute „Deutschland" ist. Es war ein Kampf um den richtigen Glauben zwischen den Katholiken und Protestanten, der zu einem Kampf zwischen den großen Staaten um die Vormachtstellung in Europa entbrannte.

E

Eiszeit: nennt man Zeiten, in denen es viel kälter auf der Erde war als heute. Die Gletscher auf den Bergen waren wesentlich größer und die Pole mit viel mehr Eis bedeckt. Die letzte große Eiszeit endete vor etwa 10 000 Jahren.

Email oder Emaille: ein besonders im Mittelalter beliebtes glasartiges Material, aus dem man glatte und farbige Oberflächen schuf.

Empire: beschreibt die Kunst und Mode in der Zeit des napoleonischen Kaiserreichs zwischen 1804 und 1815; damals war die Kunst der Antike das Vorbild.

Entartete Kunst: so verhöhnten die Nationalsozialisten die Kunst der Moderne, die sie aus ideologischen Gründen ablehnten und verfolgten.

Erbsünde: siehe Sündenfall.

Erster Weltkrieg: dauerte von 1914 bis 1918. Er entflammte zwischen den europäischen Großmächten und wurde mit Eintritt der USA 1917 zum Weltkrieg.

Expressionismus: bezeichnet in der Kunst und Architektur eine Strömung, die sich gegen Ende des 19. Jahrhunderts durchsetzte und mit fremden Farben, verzerrten Formen und neuen Themen experimentierte.

F

Französische Revolution: bezeichnet den politischen Umsturz in Frankreich, der mit dem Sturm auf die Bastille am 14. Juli 1789 begann.

Fürst: ist eine allgemeine Bezeichnung für einen hohen Angehörigen aus dem Adel.

G

Gedenktafel: ist eine Tafel aus Holz, Stein oder Metall, die an eine Person oder ein Ereignis erinnert.

Germanen: ist der Oberbegriff für ein Volk, dessen einzelne Gruppen zur Zeit der Römer in Südskandinavien und Mitteleuropa, also auch im Gebiet des heutigen Deutschlands, lebten.

Geselle: ist man, wenn man die Lehrzeit erfolgreich abgeschlossen hat. Im Mittelalter begaben sich zum Beispiel die Malergesellen auf eine mehrjährige Wanderschaft.

Globus: meint die verkleinerte kugelrunde Darstellung der Erde oder des Himmels.

Grotte: ist eine felsige und feuchte Höhle.

H

Heilige Drei Könige: sind die drei Männer, die nach der biblischen Erzählung an die Krippe Jesu kamen, in ihm den Erlöser erkannten und als solchen verehrten.

Heiliges Land: ist das Gebiet, das seit der römischen Kaiserzeit Palästina heißt; in der Bibel auch als „Gelobtes Land" bezeichnet.

Heiliges Römisches Reich: seit dem Ende des 15. Jahrhunderts „Heiliges Römisches Reich Deutscher Nation"; darunter versteht man das mitten in Europa gelegene Herrschaftsgebiet der römisch-deutschen Kaiser und Könige. Es existierte vom Mittelalter bis zum Jahr 1806.

Herzog: kommt von „der vor dem Heer zog"; ist ein hoher Angehöriger des Hochadels, der gleich hinter dem König rangiert.

Hochadel: meint Angehörige des Adels, die mindestens den Rang eines Fürsten bekleiden.

Hof: meint einerseits die Menschen, die im Gefolge eines Herrschers reisen, und andererseits den Platz, der von Gebäudeflügeln eingerahmt wird.

Hohenzollern: sind eine der berühmtesten großen Hochadelsfamilien in der Geschichte Deutschlands, benannt nach ihrem Stammsitz der Burg Hohenzollern in Baden-Württemberg.

Hortfund: meint einen Schatz, der vergraben bzw. versteckt wurde, weil jemand auf der Flucht war. Normalerweise hatte dieser Jemand vor, den Schatz eines Tages wieder an sich zu nehmen.

I

Inschrift: meint hier eine Schrift, die in Stein gemeißelt ist.

J

Jesus: ist nach der biblischen Erzählung der Sohn Gottes.

Judentum: nennt man die älteste Religion der Welt mit dem Glauben an einen Gott und zugleich auch die Gemeinschaft aller Juden.

Jugendstil: bezeichnet eine Strömung in Kunst, Architektur und Design, die um 1890 einsetzte und mit neuen, „jugendlichen" Ideen die Kunst modernisierte. Hauptmerkmal sind geschwungene Linien und Blumenranken.

K

Kelten: meint eine antike Volksgruppe in Europa, auch als Gallier bekannt.

Klassizismus: ist der Name für die Epoche in der Kunst und in der Architektur zwischen 1770 und 1840. Sie löste den Barock und das Rokoko ab und bezog sich wieder auf die strenge Formensprache der Antike.

König: ist ein Alleinherrscher.

Kosmos: meint das gesamte Weltall, das ganze Universum.

Kulisse: meint den künstlerisch gestalteten Hintergrund einer Bühne.

Kunst- und Naturalienkammer: nennt man die fürstliche oder gelehrte Sammlung von Dingen aus allen Bereichen der Welt: der Natur, der Kunst und des Alltags.

Kunsthandwerk: meint in der Kunst besonders gestaltete Gebrauchsgegenstände.

Künstlerkolonie: ist eine Lebens- oder Arbeitsgemeinschaft von Künstlerinnen und Künstlern an einem ausgewählten Ort.

Kurfürst: nennt man die Gruppe von Fürsten, geistlicher und weltlicher Herkunft, die im „Heiligen Römischen Reich" (seit dem Spätmittelalter mit dem Zusatz „Deutscher Nation") den König wählten.

L

Legion: meint hier eine Einheit des römischen Heeres mit etwa 3000 bis 6000 Soldaten.

Lehrling: ist man, wenn man ein Handwerk lernt. Im Mittelalter galten die Bildhauerei und Malerei als Handwerksberufe. Maler werden konnte nur, wer die mehrjährige Lehrzeit in der Werkstatt eines Meisters durchlaufen hatte.

Leinwandmalerei: nennt man die Malerei auf einem gewebten Material (z. B. Flachs oder Baumwolle). Sie löste mit dem 15. Jahrhundert die Malerei auf Holz ab.

M

Madonna: siehe Maria.

Malstock: ist ein Stab mit Knauf, auf den sich die Pinselhand stützen kann, um in Ruhe zu malen.

Manufaktur: eine Produktionsstätte, in der mehrere Handwerker zusammenarbeiten; vieles wird noch von Hand hergestellt, weniger mit Maschinen.

Maria: ist in der christlichen Religion die Mutter von Jesus.

Marmor: ist ein harter Kalkstein, der in vielen Farben auftritt und gern in der Bildhauerei verarbeitet wird.

Märtyrer: meint hier Menschen, die um ihres Glaubens willen Folter und den Tod erlitten haben und deswegen von der katholischen Kirche zu „Heiligen" ernannt wurden.

Mittelalter: nennt man die Zeitspanne zwischen 500 und 1500, also zwischen Antike und Neuzeit.

Moderne: meint hier die verschiedenen neuen Strömungen der Kunst, wie sie sich im ausgehenden 19. Jahrhundert durchsetzen.

Monochrom: heißt einfarbig.

Motiv: meint in der Malerei das, was ein Bild zeigt.

N

Nationalsozialismus: nennt man die nationalistische, antidemokratische und antisemitische Bewegung, die nach dem Ersten Weltkrieg entstand und 1933 unter der Führung Adolf Hitlers eine Diktatur in Deutschland errichtete.

Neuzeit: meint die Zeit von 1500 bis heute, also nach dem Mittelalter.

Nonnenkloster: meint die Bauten, in der eine Gemeinschaft von Frauen zusammenlebt, die ihr Leben Gott geweiht haben.

O

Oper: ist ein Theaterstück, das mit Gesang und Orchester aufgeführt wird.

Orangerie: meint hier ein Schlossgebäude, in dem eine Sammlung von exotischen Pflanzen während der kalten Jahreszeit untergebracht ist.

Osmanisches Reich: ist das Reich der Osmanen beziehungsweise Türken, das von etwa 1299 bis 1922 bestand. Seine Hauptstadt war ab 1453 Konstantinopel, seit 1876 in Istanbul umbenannt.

Ostern: erinnert an den Tag der Auferstehung Christi.

P

Palette: nennt man das runde Brett, auf dem der Maler seine Farben mischt. Dabei ermöglicht ein Loch für den Daumen das einhändige Halten.

Palmsonntag: erinnert an den Tag, an dem Jesus in Jerusalem einzog.

Parade: meint hier das Marschieren bzw. Reiten von Soldaten des Königs, Musikern und der königlichen Familie selbst durch die Stadt zu einem besonderen Anlass.

Paradebett: gehörte während des Barock in jedes herrschaftliche Schlafzimmer und diente dem offiziellen Empfang des Hofstaates.

Paradewagen: nennt man die Kutsche, in der Mitglieder der königlichen Familie zu besonderen Anlässen durch die Stadt fuhren.

Paradies: ist der Ort, an dem Adam und Eva mit Gott im Einklang lebten bis zum Sündenfall.

Passion: leitet sich von dem lateinischen „passio“ für „Erleiden“ ab und erinnert an das Leiden und Sterben Christi am Kreuz.

Pest: ist eine schlimme und sehr ansteckende bakterielle Krankheit, die im Mittelalter über Ratten und Flöhe auf den Menschen übertragen wurde und zahlreiche Leben kostete, bis man Methoden der Vorbeugung und Behandlung fand.

Pfalz: nennt man die Bauten, die der im Mittelalter umherreisende Herrscher vorübergehend bewohnte, um seine Regierungsgeschäfte zu erledigen.

Pilgerreise: nennt man die Reise zu einem Ort, der für den Glauben sehr bedeutsam ist; die Menschen, die eine solche Reise unternehmen, nennt man Pilger.

Plastik: nennt man ein Kunstwerk, das aus einem weichen Material geformt oder gegossen wird.

Poesie: meint Dichtkunst.

Pop Art: meint die Strömung in Kunst und Literatur, Mode und Musik, die in den 1960er-Jahren in England und den USA aufkam und die alltäglichen Dinge wie Getränkedosen oder Comicstrips zum Gegenstand ihrer Kunst machte.

Porträt: ist das Bildnis eines Menschen.

Pose: eine absichtsvoll eingenommene Körperhaltung, um einen bestimmten Eindruck zu vermitteln.

Prägung (bei Münzen): meint hier mit einem Stempel in das Metall von Münzen geformte Zahlen, Schriftzeichen und Bilder.

Preußen: hieß einst ein Land an der Ostsee zwischen Pommern, Polen und Litauen, das vom Spätmittelalter bis zum Ende des Zweiten Weltkriegs existierte; das Königreich Preußen (von 1701 bis 1918, dann „Freistaat Preußen“) umfasste ab dem 18. Jahrhundert als europäische Großmacht auch noch einen großen Teil des heutigen Deutschlands nördlich des Mains.

Provinz: meint hier von den Römern besetzte und verwaltete Gebiete.

R

Raubkunst: meint die Kunst, die in der Zeit des Nationalsozialismus und im Zweiten Weltkrieg erzwungen, erpresst und geraubt wurde.

Reformation: nennt man die von Martin Luther Anfang des 16. Jahrhunderts ausgelöste Bewegung zur Erneuerung der katholischen Kirche, die schließlich zur Spaltung in eine katholische und eine evangelische Kirche führte.

Reichsstadt: Städte im Heiligen Römischen Reich, die sich selbst verwalteten, in einem Städteverbund im Reichstag vertreten waren und nicht einem Reichsfürsten, sondern direkt dem König oder dem Kaiser unterstanden.

Relief: eine plastische Darstellung, die sich von einer Fläche abhebt.

Reliquie: sind die Knochen oder Kleider eines Heiligen. Man verehrt sie, weil man ihnen heilige Wirkung zuschreibt.

Renaissance: meint „Wiedergeburt der Antike“ und bezeichnet eine Strömung in der Kunst, Architektur und Kultur, die um 1350 von Italien ausging, bis 1600 anhielt und sich in ganz Europa ausbreitete. Die Kunst der griechischen und römischen Antike spielte hier eine große Rolle.

Romantik: meint eine Strömung in der Kunst, Literatur und Musik zwischen 1790 und 1840, in der Gefühle und Träume, Naturverbundenheit und der Bezug zur Vergangenheit eine große Rolle spielen.

S

Sage: meint eine Geschichte, die mündlich weitererzählt wurde und mit lebenden Menschen und tatsächlichen Ereignissen verknüpft ist, aber auch viel Erfundenes enthält.

Schablone: ist eine ausgestanzte Vorlage zum Übertragen bestimmter Formen.

Schrein: meint einen verschließbaren Behälter zur Aufbewahrung von kostbaren Dingen, wie zum Beispiel heiliger Reliquien.

Sezession: meint die Künstlergruppen, die sich gegen Ende des 19. Jahrhunderts zusammenfanden, um gegen alte Kunstvorstellungen aufzubegehren und ihre neuen Ideen auf eigenen Ausstellungen zeigten. Solche Vereinigungen gab es unter anderem in München, in Berlin, Dresden und Wien.

Silhouette: nennt man den Umriss eines Körpers.

Skulptur: nennt man ein Kunstwerk, das aus einem Stein herausgehauen oder aus Holz herausgeschnitzt wird.

Sondengänger: nennt man Menschen, die mit einer Metallsonde (auch Metalldetektor genannt) nach Gegenständen aus Metall im Boden oder unter Wasser suchen.

Staffelei: ist ein Ständer, auf dem der Künstler sein Bild zum Malen bereitstellt.

Statthalter: meint hier in römischer Zeit den obersten Verwalter einer römischen Provinz, bis zu Kaiser Diokletian (regierte von 284 bis 305 n. Chr.) befehligte er auch noch Truppen.

Steinzeit: die früheste Zeit der Menschheitsgeschichte; Werkzeuge und Waffen sind aus Stein. Der Beginn der Jungsteinzeit wird an dem Beginn von Viehhaltung und Ackerbau festgemacht, als der Mensch sesshaft wurde.

Sündenfall: bezeichnet nach der biblischen Erzählung den Ungehorsam Adams und Evas gegenüber Gott, die als „Sünder" aus dem Paradies gejagt wurden.

Synagoge: ist der Raum, in dem sich die jüdische Gemeinde versammelt.

T

Tachymeter: ist ein elektronisches Gerät, um eine Fläche zu vermessen.

Tafelbild: nennt man im Unterschied zur Wandmalerei alle größeren Bilder mit Rahmen, die auf Holz, Leinwand oder Kupfer gemalt sind.

Tafelmalerei: nennt man die Bilder, die auf Holz gemalt sind.

Trophäenbrigade: bezeichnet die sowjetische Truppe, die im und nach dem Zweiten Weltkrieg Kunstschätze aufspürte und raubte.

Tugendhaftigkeit: meint eine vorbildliche Lebensweise.

U

Universum: siehe Kosmos.

V

Varieté-Theater: zeigt ein buntes Bühnenprogramm mit vielen verschiedenen tänzerischen, akrobatischen, musikalischen und theatralischen Aufführungen.

W

Welfen: ist die älteste noch existierende Hochadelsfamilie in Europa.

Wikinger: ist ein nordisches Seefahrer-Volk aus dem Ostsee- und Nordseeraum, das in der Zeit des Mittelalters auch einen Großteil Europas und sogar die Küste Nordamerikas erschloss, bekriegte und besiedelte.

Z

Zeremonie: eine feierliche Handlung.

Zweiter Weltkrieg: dauerte von 1939 bis 1945. Er begann mit dem deutschen Überfall auf Polen und zog im Laufe des Krieges alle Großmächte mit hinein.

Wir sagen „Danke"!

Schätze liegen nicht einfach auf der Straße, sondern sie wollen entdeckt und gehoben werden – das geht nur mit vereinten Kräften. Wir möchten uns bei all jenen herzlich bedanken, die uns bei der Jagd nach den schönsten Kunstschätzen geholfen haben, beim Graben und Freilegen der spannendsten Geschichten und beim Gestalten der kostbaren Schatulle! Dabei geht unser persönlicher Dank an:

Prof. Dr. Stephan Albrecht
Dr. Evamarie Blattner
Sabine Buchholz
Dr. Athina Chadzis
Michael Ecker
Evelyn Friedrich
Dr. Lea Gerhardt
Ann-Kathrin Göritz
Dr. Henrike Hans
Thomas Heitele
Dr. Detlef Jantzen
Marco Karthe
Dr. Uwe Mahler
Klaus Marschall
Claudia Meckel
Prof. Dr. Natascha Mehler
Prof. Dr. Thomas Müller-Bahlke
Michael Neumeir
Dr. Maike van Rijn
Dr. Henning Scherf
Guido Schmid
Dr. Ulrich Schneider
Dr. Christoph Schölzel
René Schön
Holger Schuckelt
Benjamin Schürch
Dr. Claudia Schwabe
Dr. Gero Seelig
Dr. Maria Stürzebecher
Dr. Jens Ullner
Antje Vanhoefen
Dr. Marius Winzeler
Kristina Wnuk

Besonders bedanken möchten wir uns bei Hauke Kock, der mit Einfallsreichtum und Fingerspitzengefühl die Schatzgeschichten illustriert hat. Und zuletzt geht unser Dank natürlich an den Magellan Verlag und sein großartiges Team, an Cara Berg, Christian Keller und insbesondere an Natalie Homan sowie Carolin Glaser, deren kluge und kreative Arbeit wir sehr zu schätzen wissen!

Anna Elisabeth Albrecht und Susanne Rebscher

Bildnachweis

S. 2 Foto © Stephan Albrecht

S. 3 Foto © Frank Hempel

S. 9 Caspar David Friedrich, *Der Wanderer über dem Nebelmeer*, 1818, Öl auf Leinwand © bpk/Hamburger Kunsthalle/ Elke Walford

S. 12 Jean-Baptiste Oudry, *Rhinozeros*, 1749, Öl auf Leinwand © bpk/Staatliche Schlösser, Gärten und Kunstsammlungen Mecklenburg-Vorpommern

S. 15 Paula Modersohn-Becker, *Mädchen im Birkenwald mit Katze*, 1904, Öl auf Leinwand © Paula Modersohn-Becker Museum, Bremen

S. 16 Foto oben: Wikipedia Commons – Medien-gbr
Foto unten: Wikipedia Commons – Gunnar Richter/Namenlos.net

S. 17 Foto oben: Wikipedia Commons – sdo216
Foto unten: Wikipedia Commons – Jörg Blobelt

S. 19 © 2023 Niki Charitable Art Foundation/ADAGP, Paris

S. 25 Unbekannter Maler, *Der Mann mit dem Goldhelm,* um 1650/1655, Öl auf Leinwand © bpk/Gemäldegalerie, SMB, Eigentum des Kaiser Friedrich Museumsvereins/ Christoph Schmidt

S. 28 Mit freundlicher Genehmigung des Thüringischen Landesamtes für Denkmalpflege und Archäologie, Weimar

S. 30 Fotos © René Schön

S. 31 Foto © Peter Prestel

S. 36 Raffael, *Sixtinische Madonna,* 1512/13, Öl auf Leinwand © akg-images

S. 37 links: Jan Vermeer, *Brieflesendes Mädchen am offenen Fenster,* 1657/1659, Öl auf Leinwand © bpk/Staatliche Kunstsammlungen Dresden/Herbert Boswank

S. 37 rechts: Jan Vermeer, *Brieflesendes Mädchen am offenen Fenster,* 1657/1659, Öl auf Leinwand © bpk/Staatliche Kunstsammlungen Dresden/Wolfgang Kreische

S. 40 Johann Heinrich Wilhelm Tischbein, *Goethe in der römischen Campagna*, 1787, Öl auf Leinwand © bpk/Städel Museum

S. 41 Johann Melchior Roos, *Das Reich der Tiere,* 1728, Öl auf Leinwand © bpk/Museumslandschaft Hessen Kassel

S. 44 Foto oben: Wikipedia Commons – Courtesy Special Collections, United States public domain
Foto unten © Shutterstock/river34

S. 45 Foto oben: Wikipedia Commons – EPei
Foto unten © Shutterstock/eugen_z

S. 50 Roy Lichtenstein, *M-Maybe (a girl's picture),* 1965, Acryl (Magna) auf Leinwand © Estate of Roy Lichtenstein/VG Bild-Kunst, Bonn 2022, Foto: © Rheinisches Bildarchiv Köln, rba_c007153

S. 51 Stephan Lochner, *Muttergottes Rosenlaube*, um 1440 – 1442, Mischfarben auf Eichenholz © akg-images

S. 53 Yves Klein, *Monogold 28,* 1959 – 1961 © Estate of Yves Klein/ VG Bild-Kunst, Bonn 2022, Foto: © Museum Folkwang Essen – ARTOTHEK

S. 58 Fotos © Anna Elisabeth Albrecht

S. 59 © Gemäldegalerie Alte Meister, Staatliche Kunstsammlungen Dresden. Foto: Wolfgang Kreische

S. 69 Franz Marc, *Blaues Pferd I.*, 1911, Öl auf Leinwand © akg-images

S. 70 links: Joseph Karl Stieler, *Helene Sedlmayr,* Ende 1830 bzw. Anfang 1831, Öl auf Leinwand © De Agostini Picture Lib./ A. Dagli Orti, akg-images

S. 70 rechts: Joseph Karl Stieler, *Lola Montez,* 1847, Öl auf Leinwand © akg-images

S. 71 Albrecht Dürer, *Selbstbildnis im Pelzrock*, 1500, Öl auf Holz © akg-images

S. 72 Foto links © Shutterstock/foto-select
Foto rechts: © Shutterstock/Bildagentur Zoonar GmbH

S. 73 Foto oben: iStock/capephotoshop
Foto unten: Wikipedia Commons – F. Higer

Hinweis:
Unsere Redaktion hat die Urheberrechte innerhalb dieses Buches nach bestem Wissen und Gewissen geprüft. Falls sich dennoch Fehler eingeschlichen haben sollten, bitten wir die Rechteinhaber, sich bei uns zu melden.

Natürlich magellan©

Hergestellt in Deutschland
Gedruckt auf FSC®-zertifiziertem Papier
Farben auf Pflanzenölbasis
Lösungsmittelfreier Klebstoff
Drucklack auf Wasserbasis

1. Auflage 2023

Texte: Anna Elisabeth Albrecht, Susanne Rebscher
Illustrationen: Hauke Kock
Umschlaggestaltung: Christian Keller unter der Verwendung einer Illustration von Hauke Kock
Druck: Westermann Druck Zwickau GmbH
ISBN 978-3-7348-6012-6

www.magellanverlag.de